绍兴三味书屋。鲁迅十二岁起到这里读书

绍兴皇甫庄包公殿。鲁迅幼年时曾乘船在这里看社戏

鲁迅留学东京时居住的“伍舍”。这里曾是日本作家夏目漱石的旧宅

日本东京丸善书店。鲁迅经常去买书。回国后，还经常委托他们购书

北京绍兴县会馆内的补树书屋。鲁迅在此创作了《狂人日记》等作品

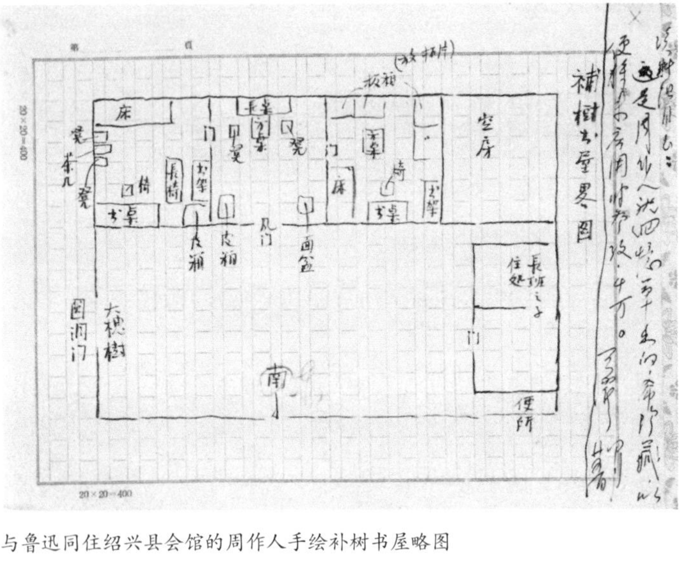

与鲁迅同住绍兴县会馆的周作人手绘补树书屋略图

北京八道湾十一号。鲁迅在此创作了《阿Q正传》

北京西三条二十一号被戏称作“老虎尾巴”的鲁迅卧室兼工作室

1923年起，鲁迅在北京女子师范大学等学校任教

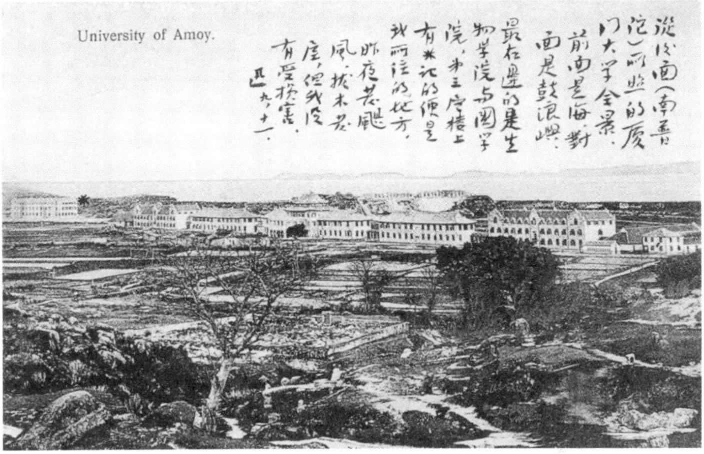

1926年9月，鲁迅给许广平寄的“厦门大学全景”明信片

1927年，鲁迅初到广州时所住的中山大学大钟楼

1927年1月，鲁迅在厦门。自题为“我坐在厦门的坟中间”

1933年2月，鲁迅在上海孙中山故居出席欢迎萧伯纳的午餐会

1933年4月，鲁迅全家迁入大陆新村九号。这是他在上海的最后一处住所

1933年9月13日，鲁迅五十三岁生日纪念照

1934年8月，鲁迅在上海千爱里避难时与内山完造等合影

1936年10月，鲁迅出席上海八仙桥青年会全国第二回木刻流动展览会

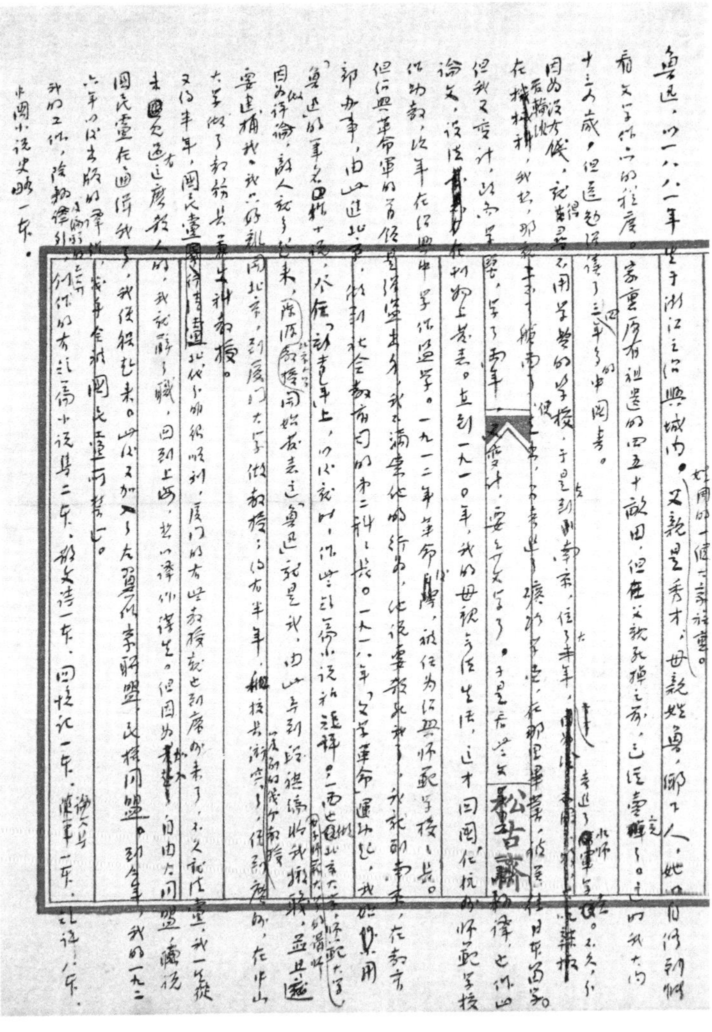

鲁迅《自传》手稿，写于1934年

目　录

序章

鲁迅写过一句话，“只要能培一朵花，就不妨做做会朽的腐草”（《近代世界短篇小说集》，1929）。

如今回想鲁迅的一生，脑海中浮现的便是这句话。这短短的一句中包含了一种生存方式。我想要阐述的，也正是这句话呈现的生存方式的具体内涵。换言之，在思考鲁迅的人生时有几个可以被料想到的视角，而我试图思考的立足点是：作为一个将过渡性中间物视为自身命运并加以承担的人，他是如何在仅此一回的生命中活下去的。

我们人类的历史，会出现一种正如其字面意义那样可被称为“过渡期”的时代。在长达三千年的时间里，位于亚洲东部、幅员辽阔的中国一直以周边各国难以匹敌的文化为傲。然而，19 世纪中叶的鸦片战争以来，中国在西欧的冲击下动摇、苦闷、摸索，这一长达百年的激荡历史或许正是这种过渡期的典型代表。出生于 1881 年、逝世于 1936 年的鲁迅，恰恰生活在这段过渡期当中。在鲁迅的一生中，与其说他常常不得不意识到自己是一种过渡性的中间物，不如说他主动背负了自己作为中间物的命运而活着。

作为一名文学家，鲁迅有意识地开始创作是在他迎来二十六岁的 1907 年（明治四十年），当时他正在东京留学。鲁迅这一时期的代表作是《摩罗诗力说》(1907)，这篇评论第一次向中国系统地介绍了八位欧洲浪漫派诗人的诗作及生平。在文章的末尾，鲁迅谈到了花的意象。

> 俄文人凯罗连珂（V. Korolenko）作《末光》一书，有记老人教童子读书于鲜卑者，曰，书中述樱花黄鸟，而鲜卑沍寒，不有此也。翁则解之曰，此鸟即止于樱木，引吭为好音者耳。少年乃沉思。然夫，少年处萧条之中，即不诚闻其好音，亦当得先觉之诠解；而先觉之声，乃又不来破中国之萧条也。然则吾人，其亦沉思而已夫，其亦惟沉思而

已夫！[1]

《最后的光芒》是柯罗连科根据自己流放时期的经历写成的《西伯利亚故事》中的一篇，描绘了一个流放者家庭的生活。正如"山萧条而无兽兮，野寂漠其无人"（《楚辞·远游》）的诗句所咏，"萧条"与"寂漠"[2]都表示毫无生机的荒芜景象带来的凄凉感觉。在鲁迅的作品中，"寂漠"一词频频出现。尽管寂寞是潜藏在鲁迅早期作品中的底色，但此处青年鲁迅为了冲破当时重重封闭的中国而寻求新声和光明时的寂寞与渴望，与那少年身在荒凉的西伯利亚，思念着素未见闻的樱花和鸟鸣时的身影重叠，令读者深思。紧接着在《破恶声论》（1908）中，鲁迅阐述了他对新声和光明的希望。

"吾未绝大冀于方来，则思聆知者之心声而相观其内曜。内曜者，破黮暗者也；心声者，离伪诈者也。人群有是，乃如雷霆发于孟春，而百卉为之萌动，曙色东作，深夜逝矣。""心声"意为精神的呼声，"内曜"是指精神发出的光芒。"心声""内曜"这简

1 "凯罗连珂"现通译为"柯罗连科"，《末光》常见中译题为《最后的光芒》。本中译本鲁迅作品引文以人民文学出版社 2005 年版《鲁迅全集》为底本。——译注。本书注释如无特别说明，皆为译注。

2 原诗文为"寂漠"，意为"寂寞"，书中非直接引用处取当代通用字形。——编注

洁有力四个字，是当时的鲁迅对文学最根本的定义。而“百卉为之萌动”的季节，则是他心中描画的冲破寂寞之后的光景。然而，他们在东京的文学运动早早夭折。满怀悲伤的鲁迅选择回国。在其后将近十年里，除了辛亥革命（1911）前后发表的几篇文章外，鲁迅一直处于沉寂。而打破这一沉寂的，是 1918 年他以“鲁迅”之名写下的第一篇小说《狂人日记》。在写给日本人青木正儿的书信（1920 年 12 月 4 日）中，鲁迅留下了一段直接谈及《狂人日记》写作动机的话语。自 1917 年起，身在日本的青木正儿就非常关注中国的“文学革命”，其发表于 1920 年的《将胡适漩在中心的文学革命》详细论述了中国新文学诞生初期的文学创作，是一篇值得纪念的评论文章。青木正儿将登载这篇文章的《支那学》杂志赠与鲁迅，鲁迅的信是对此的感谢函。他在信中也谈到了歌与花的意象。

> 我写的小说是极幼稚的，只是为本国如凛冬一般既无歌唱，亦无鲜花而悲伤，是为冲破这寂寞而写的……

为了冲破当时中国如凛冬一般既无歌唱亦无鲜花的寂寞，鲁迅以这篇《狂人日记》为开端，不断写作直至去世。

鲁迅留下的著作、翻译多达700余万字。在此先将其列举如下（括号内时间为出版年份，*号表示逝世后出版）：

（一）小说集三种，《呐喊》（1923）、《彷徨》（1926）、《故事新编》（1936）；

（二）散文诗集一种，《野草》（1927）；

（三）回忆文集一种，《朝花夕拾》（1928）；

（四）评论、杂文集16种，《热风》（1925）、《华盖集》（1926）、《华盖集续编》《坟》（1927）、《而已集》（1928）、《三闲集》《二心集》（1932）、《伪自由书》（1933）、《南腔北调集》《准风月谈》（1934）、《集外集》（1935）、《花边文学》（1936）、《且介亭杂文*》《且介亭杂文二集*》《且介亭杂文末编*》（1937）、《集外集拾遗*》（1938）；

（五）诗70余首；

（六）辑录、校勘古籍十余种，《唐宋传奇集（上·下）》（1927—1928）、《嵇康集*》《古小说钩沉*》（1938），等等；

（七）学术著作两种，《中国小说史略（上·下）》（1923—1924）、《汉文学史纲要*》（1938）；

（八）翻译33册；

（九）书信集一种，《两地书》（1933，与许广平的往来书信集）。

在被公认为过渡期或启蒙期的时代里，总是会诞生一些堪称“巨人”的人物。一般来说，这些巨人关注的并不局限于某个狭窄的特定领域，而是指向整个社会与历史。鲁迅亦是如此。鲁迅的评论和杂文主题涉及文艺、美术、思想、历史、民俗、自然科学、社会、时事等多个方面。翻译是鲁迅年轻时起就最为重视的工作。通过他的译笔，14 个国家、近百位作家的作品被介绍到中国，体裁涉及小说、童话、散文、文艺理论、美术史论，甚至还有《药用植物》这类科学书籍。晚年的鲁迅还曾计划翻译法布尔的《昆虫记》。鲁迅主编或参与编辑的杂志共有 20 多种。不仅如此，他还是中国美术界成果最丰富的木刻（版画）运动的理论指导者。

鲁迅逝世后，名为《鲁迅全集》的著作集曾分别于 1938、1958、1973、1981 年四度出版。[1] 1973 年中国正处于“文化大革命”时期，尽管这一年出版的《鲁迅全集》不过是 1938 年版的重印，但也是出于当时的需求。无论如何，全集能在其去世后的 45

---

1 本书写于 1985 年。截至 2021 年，中国共五度修订出版《鲁迅全集》。第五版于 2005 年由人民文学出版社出版，全 18 卷。

年里四度出版，没有什么比这更能说明鲁迅在中国的地位。尤其是1981年为纪念鲁迅诞辰一百周年而发行的最新版《鲁迅全集》（全16卷），不但收录了上述著作列表中除（六）（八）之外的所有作品［仅将（六）（八）中作品的序、跋汇编为其中一卷］，还增加了鲁迅1912至1936年（缺1922年）的日记及1456封书信。包括书信、日记在内，所有鲁迅作品中合共添加了2.3万条注释，完成这项工作需要耗时大约十年。鲁迅的文章旁征博引，涵盖古今中外，而且措辞大多带有文言色彩，让年轻一代对鲁迅的作品敬而远之。其中涉及的人物、团体、历史事件、出版物、引用句子的典故、已成为过去的风俗习惯，但对这些内容加上注解后，只要读者肯花些工夫，或许就可以轻松地走入作品并与其共同思考。

在论争文章中大量引用对手的话是鲁迅作品的一大特色。这也是鲁迅本人在晚年的杂文集中尝试的做法。曾受过鲁迅亲自教导的增田涉写道，“他将自己的人生意义寄托于写作以及将作品呈现给世界”，“他对所写的文章，并非经选择后再出版，而是将所写的一切原封不动、一字不落地投向世间”（《鲁迅的印象》）。鲁迅就是这样一位文学家。如将最新版的《鲁迅全集》、1958年出版的《鲁迅译文集》，以及上述列表（六）中的作品结合在一起，我们就能接近鲁迅创作生涯的全貌。此外，由于很多人都写过关于鲁迅的回忆文章，我们能够从中了解鲁迅的生活方式及其生活的时代。

《狂人日记》是中国现代文学的滥觞之作。青木正儿在上文提及的论文中评论了《狂人日记》，认为“鲁迅在小说方面是一位颇具前途的作家”。这部小说的日译版在文库本中的篇幅不足 20 页，但随着时间的推移，它的问世所呈现的划时代意义已变得愈发显著。鲁迅的代表作《阿 Q 正传》已被翻译成 40 多个国家的 60 多种语言，它与鲁迅的名字一同在世界文学中占据着不可动摇的地位。他的《中国小说史略》是一部为中国现代小说研究开辟道路的学术著作，作为一部基于独创性历史观和实证性研究的通史，时至今日仍未被全面超越。

不过，鲁迅的著作无一不是在背负生活重担的情形下写成的。面对剧烈动荡的历史洪流，他并没有选择逃避，而是在旋涡中颠簸辗转地不断创作。因此他的小说都是短篇作品，曾在心里构思的几部长篇小说均未能实现。中国文学史的写作计划终未成型，毕生难以割舍的中国字体史最终也未能问世。他的文章中大约有三分之二被他自称是杂文、杂感的时事评论所占据。为此，甚至常有人揶揄他是“杂文专家”。

也有人劝我不要做这样的短评。那好意，我是很感激的，而且也并非不知道创作之可贵。然而要做这样的东西的时候，恐怕也还要做这样的东西，我以为如果艺术之宫里有这么麻烦的禁令，倒不如不进去；还是站在沙漠上，看看飞沙走石，乐则大笑，悲则大叫，愤则大骂，即使被沙砾打得遍身粗糙，头破血流，而时时抚摩自己的凝血，觉得若有花纹，也未必不及跟着中国的文士们去陪莎士比亚吃黄油面包之有趣。

这是杂文集《华盖集》(1925)题记中的一段话，该书具有强烈的论争性。中国北方有一种现象名为“沙尘”——风将地上的沙砾卷起，形成遮蔽天空的沙尘。鲁迅爱惜这些杂文，将其唤作自己摸爬辗转于“沙尘”中、被飞沙走石击打而流血的“伤痕”。20世纪20年代中期，鲁迅将自己写于“彷徨”时期的散文诗集《野草》中的诸篇文章，称为“地狱边沿的惨白色小花”(《〈野草〉英文译本序》，1931)。与《野草》几乎同时期编纂的评论集，被他取名为《坟》。

鲁迅认为自己的文章不可能是盛开的蔷薇，也不是香气浓郁的兰花。而他甘愿忍受这种命运。为了让中国这片大地有朝一日能够迎来百花齐放的季节，他宁可选择成为泥土。而要化为肥沃的泥土，就必须首先变成腐朽的杂草，这便是本文开头的那一句。

绍兴

故乡

1881年9月25日（清光绪七年农历八月初三），鲁迅于浙江省的绍兴降生。清朝光绪七年，也就是日本的明治十四年。

绍兴旧时以“会稽”之名为人所知。据《史记》所载，夏王朝的开创者大禹治水成功后，曾在此地的苗山会见诸侯，评定众人功绩，这座山因此也叫作“会稽”（稽，为计量之意）。传说大禹的父亲鲧因治水失败被舜诛杀，大禹对此深感悲痛，东奔西走13年，奋发治水，即使经过自家门前也不曾踏入半步。相传大禹殁于此地，如今在会稽山北麓仍留存着大禹陵和大禹庙。春秋时期，这里曾作为越国的都城名留史册。传说越国是大禹的后裔建立的国家。越王勾践在与吴王夫差的战争中失利，被围困于会稽山，他忍辱负重向吴国投降，与妻子、臣子一同成为囚奴，服苦役三年。勾践获得赦免并回到祖国之后，早晚舔尝苦胆，体味耻辱，韬光养晦 20 年，终于达成了复仇。如今这个故事演化为“卧薪尝胆”“会稽之耻”等成语。

“绍兴”之名始于南宋初年。宋高宗遭到女真族的金军追击，一路南下经过这个自唐朝以来被称为越州的地方，沿海路从宁波逃至温州。金军一撤退，宋高宗便立即折返并将此地作为行宫（建炎四年，即 1131 年）。[1] 此时，宋高宗从“绍祚中兴”（继承大统，再度振兴）中取“绍兴”二字改元为“绍兴”，越州之地也因此改名为绍兴。尽管此地作为行宫的时间十分短暂，宋高宗不久便移居杭州（临安），但此地“绍兴府”的名称基本上一直延续至清朝，成为统辖会稽、山阴、余姚、萧山等八县的行政区。绍兴城的东半部属于会稽县，西半部属于山阴县。中华民国成立后废除府制，会稽、山阴两县合并为绍兴县，这便是今天的绍兴市了。

然而，南宋的绍兴年间（1131—1162）正是北上抗战派将领岳飞遭求和派的秦桧所杀的时期，南宋与金缔结屈辱性和约，宋朝势力被牢牢封锁在中国南方。或许是基于这个理由，鲁迅并不

1　此处应是作者笔误，建炎四年实为 1130 年，绍兴元年为 1131 年。

喜欢绍兴这个名字，而是常用会稽、越等古称替代。鲁迅在晚年书信中提到的“‘会稽乃报仇雪耻之乡’，身为越人，未忘斯义”一句（《致黄平荪》，1936年2月10日），便是例子。信中引用的是明朝末年绍兴人王思任的一句话。明末，南京落入清军手中时，明朝宰相马士英逃至浙江，王思任写信给马士英谴责其怯懦，说：“夫越乃报仇雪耻之国，非藏污纳垢之地也。”绍兴沦陷后，王思任拒绝投降，绝食而死，是一位刚毅不屈的读书人。鲁迅在其文章中曾数次引用这一句。自古以来，绍兴诞生了诸多才俊，譬如后汉的唯物主义者王充，唐代诗人贺知章，宋代诗人陆游，明代画家徐渭，清代史学家章学诚、画家赵之谦和任伯年，等等。其中，黄宗羲、朱舜水二人的出现，格外体现出大禹和勾践的风度气派。在明末清初的动乱时期，浙江东部，即整个宁波、绍兴地区是抵抗清军的一个据点。明朝兵败后，黄宗羲和王思任等一样没有屈服，而是作为明朝遗民，著成了批判封建制度及思想的《明夷待访录》。朱舜水（同时也是余姚人）则流亡日本，对日本水户学派的形成影响至深。清朝末年，绍兴革命家辈出，下文提及的徐锡麟、秋瑾、陶成章、蔡元培等均来自绍兴，这与此地的这种传统不无关系。

绍兴城的东、西、南、北四面开辟了九座城门。运河自钱塘江口的西兴流经西北的西郭门入城，西南的水偏门通往兰亭，那里因晋代书法家王羲之的《兰亭集序》而广为人知，东南的稽山门连接着去往大禹陵的水路。被称为航船的大型船连接着村庄和城镇，农民们或是驾着田舟，或是驶着以足运桨、往来迅捷的乌篷船。绍兴农民活动范围广，见闻也较为丰富，自古以来他们的语言生活中便充满了幽默与辛辣的讽刺，这很大程度上得益于他们的行船生活。虽说绍兴城内四通八达的航道已被填平、化为道路，但至今仍有许多船只往来交错，妇人们会在房前屋后直通航道的石阶上淘米洗菜、清洗衣物。绍兴素来以铸铁、铜镜，以及被称为越窑的瓷器著称。但到了清朝末年，社会凋敝，除了有名的绍兴酒，制造用于作纸钱祭奠死者的锡箔勉强算是主要产业，因此又被叫作“锡半城”。据说那时城中满是锤打锡箔的声音，不绝于耳。鲁迅出生时，绍兴天上回荡的恐怕就是往来交错于航道上的划桨声、摇橹声、船夫们的吆喝声，中间还夹杂着那些锤子的敲击声。谈到声音，鲁迅说他喜欢深夜听到的犬吠声。“我生长农村中，爱听狗子叫，深夜远吠，闻之神怡，古人之所谓‘犬声如豹’者就是。”(《秋夜纪游》，1933)

家族

鲁迅本名周树人，出生于绍兴城内新台门周家，新台门的宅邸坐北朝南，建在东昌坊口，属于会稽县。周氏一族是此地的名门望族，分别居住于三处宅邸：新台门，挨近新台门东侧的覆盆桥、朝南而建的老台门，与老台门隔水路相望、背南向北的过桥台门。关于周氏一族的祖籍，虽有不同说法，但一般认为是湖南道州。周家始祖并未传下名字，于是被命名为逸斋。他在明朝正德年间（16 世纪初）迁居绍兴经商，其后逐渐富裕，成为地主并开设当铺。18 世纪中叶，周家第六代子孙周韫山（本名煌）考中举人，当上地方的县令，成功跻身士大夫阶层。紧接着，周家第七代子孙在覆盆桥修建屋舍，这便是老台门。所谓台门，在绍兴当地就是指士大夫阶层的宅邸。周家到了第九代，分为致房、中房、和房三大房族。到了第十代，致房又分为智、仁、勇三房，中房分为慎、恕、裕三房。到第十一代时智房进一步分为兴、立、诚三房，仁房又分为礼、义、信三房。（参见“鲁迅房族世系简图”）鲁迅出生在周家的兴房，属于致房之下的智房。由于家族开枝散叶，人数不断增长，到第八代时，周家又购得两处新的宅邸，开始分居，致房的智、仁两房搬到新台门居住，中房的慎、恕两房搬至过桥台门。不过各房并非四分五散、彼此独立，而是要共同祭拜祖先。周家将一定数量的田地、房屋作为祭田和祭产，各房每年轮流用祭田和祭产的收入主持当年的祭祀和扫墓。祭拜周家第七及第八代先祖的祭祀被称为致公祭，是所有房族都会参加的重大祭祀，由于是致、中、和三大房族轮流主持，因此据说鲁迅一家所在的兴房每 27 年会轮到一次。大致安排是致房每三年轮到一次，每次会由致房下面的九房轮流承担。祭拜周家第九代先祖周佩兰的佩公祭由致房内的各房轮流承担，因此各房每九年会轮到一次。各台门的宅邸由居住其中的各房族共同拥有，不得随意处置。家塾教师由家族中的适当人选担任。如果某一房后继无人，就必定会从整个家族中调拨一个同辈的男孩来承继香火，以免祭祀中断。调拨去其他房被称为“出继”，调拨到本房则被称

鲁迅房族世系简图（参考《鲁迅在绍兴》一书绘制）

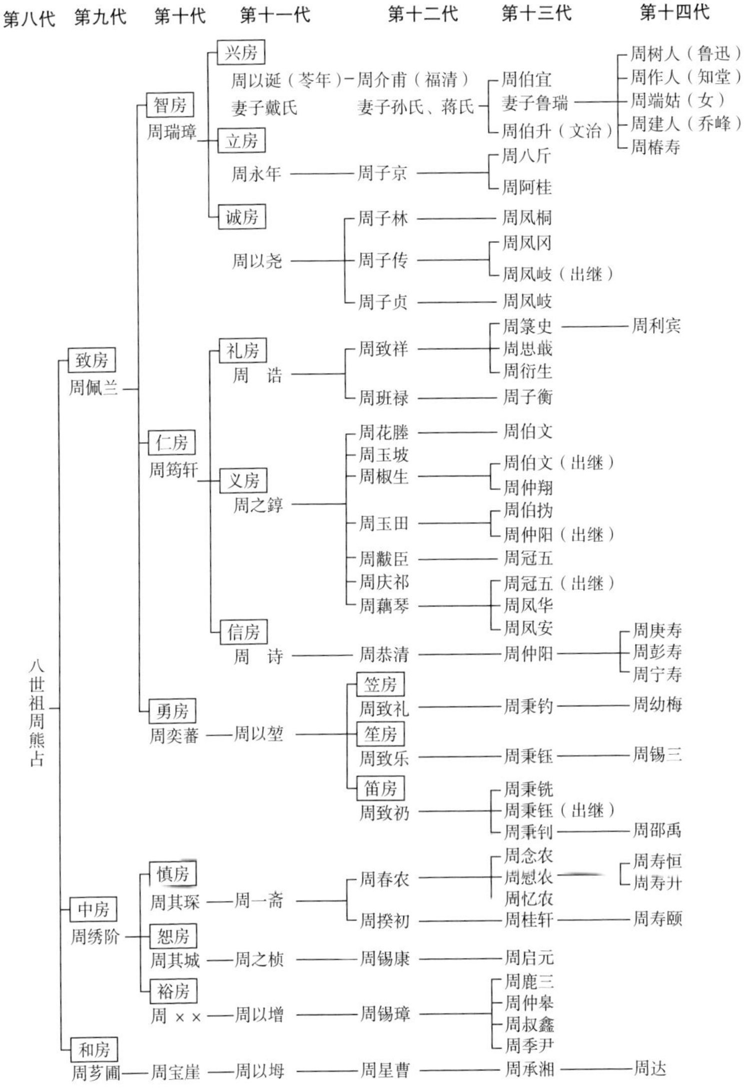

智、仁两房为新台门，慎、恕两房为过桥台门，其余分居为老台门。

为“过继”。如此一来，这个强大的父系制大家族及其秩序才得以维持。

兴房居住的新台门，是一个俗称“五进”结构的建筑，从大门往里有五栋房屋依次排布，其中最高大的第三进屋子是一个横宽“九间”（两个柱子之间的距离算作“一间”）的二层楼房。这栋楼房里住着致房的智、仁两房，换成最小单位来说，就是兴、立、诚、礼、义、信各房同居于此。楼房的尽头是一个名为百草园的硕大庭园，园里开垦了菜地，还种着桑树和高大的皂荚树。这个庭园是幼年鲁迅的游乐场，里面栖居着云雀、黄蜂、蟋蟀、蜈蚣，还会结出覆盆子和桑葚。穿过百草园的西北门，再经过一个小园子，后面便是一条名为咸欢河的水道。

鲁迅出生时，周家因为太平天国之乱及其后的动荡，已陷入衰落。尽管如此，据说兴房仍有四五十亩（一亩约为七公亩）田地。鲁迅的祖父周福清（字介甫）是一个勤学上进的人，他试图挽回周家的颓势，终于在 1871 年（清同治十年）考中进士。这是鲁迅出生前十年的事情。进士，是指通过当时的官员选拔考试，即科举最终阶段的国家精英（参见下页中的“清朝考试制度简图”）。进士之后，周介甫又在朝考中取得了好成绩。朝考，是指为直属于皇帝的学术机构翰林院选拔人才的考试。周介甫因此成为翰林院庶吉士。家中出了翰林是当时最大的荣耀。但是，在三年后决定官职的散官考试中，周介甫表现不佳，只做了江西省金溪县的知县。一般来说，翰林院出身的官员，即便是知县级别的官职也会受人敬仰，得到优待。但由于强烈的自尊心和直言不讳的性格，周介甫触怒了上级的江西巡抚，四年后被贬为县学教师。1879 年（清光绪五年），无法满足于这种地位的周介甫，通过当时法律规定的买官制度（捐官），买了一个内阁中书的官职。鲁迅诞生时，他的祖父正在北京担任中央官吏。周介甫的母亲戴氏仍然健在，生活在绍兴；妻子孙氏亡故；继室蒋氏则留守绍兴。孙氏育有一女名德，一男名文郁（字伯宜）；蒋氏膝下有一女名康。周介甫当上京官后，在北京纳章氏为妾，章氏在鲁迅出生后翌年生下周文治（字伯升），但不久后过世，周介甫又纳潘氏为妾。周介甫为了捐官变卖了部分家产，而且官职带来的

清代考试制度简图
（虚线内是取得的身份）

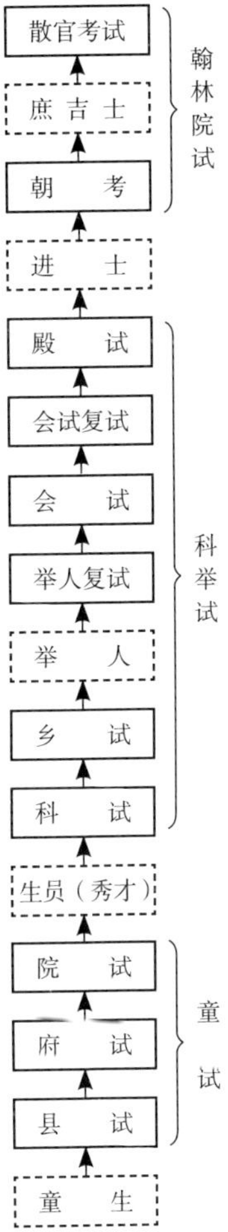

收入又花销在北京的生活上，所以绍兴家中的经济状况反而因为祖父的出人头地变得每况愈下。

周伯宜的长子便是鲁迅。周伯宜是会稽县的生员，也就是秀才。秀才，是指通过科举预备考试的人，在地方社会拥有一定的权威，但要成为官员，必须至少通过科举正式考试的第一阶段——乡试，成为举人。周伯宜已数次应考，但未能考中。彼时，除了身怀资产可作为地主生活，或者经营当铺、钱庄外，地方的士大夫子弟大致会有三条出路。第一是参加科举，成为举人或进士。当上举人或进士后，无论是当官出人头地，还是不当官做乡绅，都能享受诸多特权。第二是做地方官员的“幕友”，也就是顾问。幕友也叫做“师爷”，分为两种，一种是参与刑事判决的“刑名师爷”，另一种是负责会计和田赋管理的“钱谷师爷”。绍兴当地幕友辈出，乃至有“绍兴师爷”的称号。第三是学习经商。所谓经商，是指做当铺或钱庄的掌柜，而非经营绸缎庄之流的店铺。不过，以上三者都需要相应的才能、努力和条件，达不到这些要求的人，多是眼高手低、碌碌无为之徒，往往过着倚靠他人、不劳而食的生活。总而言之，鲁迅出生时，周伯宜立志走第一条路却饱尝求而不得的不幸。

鲁迅的母亲鲁瑞比丈夫年长三岁，出身于绍兴东北部靠近曹娥江口的农村安桥头。她的父亲鲁希曾是举人，兄弟们也是秀才，但自己因为是女子，没有接受过任何正式的教育。鲁瑞曾在兄弟们上课时旁听学习，但大约一年后家里便不许她听课，于是她依靠自学掌握了读书的能力。她是一位性格温和但意志坚强的女性，后来反对缠足的运动兴起时，她主动放开缠足，即便遭人非难也无所动摇。鲁迅（周树人）是鲁瑞的长子，他后来与鲁瑞的次子周作人（1885—1967）、三子周建人（1889— ）[1]一同活跃在中国文化界并取得突出成就，被称为"周氏三兄弟"或"周三人"。鲁瑞另有一女端姑和四子椿寿，皆早夭。鲁瑞的娘家后来迁至绍兴以东约 20 公里的皇甫庄，鲁迅少年时代跟随母亲回娘家，时常逗留安桥头、皇甫庄。鲁迅一直生活在由城市里的石板路和四角天空围成的宅邸里，对他来说这是体验农村生活的宝贵机会。

1 周建人于 1984 年逝世，本书写作时尚在世。

读书

鲁迅六岁时开始在家塾读书。他的第一位老师是同族的叔祖（与祖父同辈的长辈叫做伯祖或叔祖）周兆蓝（号玉田），也是一名秀才。课本采用的是以押韵四字句写成的历史入门读物《鉴略》。之所以选择《鉴略》，而非一般作为启蒙读物的《千字文》或《百家姓》。这是祖父周介甫的意思，他认为对历史的大致了解有其用武之地。对于孙子们的教育，祖父周介甫有自己独树一帜的见解，他鼓励孩子们阅读当时被视为非正统文学的《西游记》。他的课程安排是先通过通俗易懂、能激发兴趣的读物培养孩子的读书习惯，然后再进入《诗经》的学习。周玉田是一个胖乎乎的和蔼老人，喜欢种树养花。不仅如此，他还是家族里唯一的藏书家。在他那里，鲁迅读到了三国时吴国的陆玑所作的《毛诗草木鸟兽虫鱼疏》和清朝陈淏子的《花镜》，前者是一本对《诗经》中的动植物进行注解的书籍，后者则讲解了花木的栽培方法。鲁迅最喜欢带插图的《花镜》。在周玉田的影响下，鲁迅也喜欢上花木培育，不久便开始在自己亲手制作的盆栽上贴上竹制名牌，甚至还做了观察记录。在鲁讯旧时收藏的《花镜》中，留存着他晚年写的一些批注。在“山踯躅，俗名映山红……以羊粪为肥。若欲移植家园，须以本山土壅始活”一处，鲁迅批注道：“按，花性不宜多浇，即不以本山土栽亦活。”

一次，鲁迅从周玉田那里得知，他曾有一本绘图的《山海经》，书中画着人面兽、九头蛇、三足鸟、生着翅膀的人等，但如今不知在何处，鲁迅无论如何都想读到这本书。然而，即便鲁迅拜托周玉田，他也懒得去找，问其他人也得不到理睬。鲁迅的保姆阿长见他时时念念不忘这本书，就问他《山海经》究竟是什么。鲁迅觉得说了也无济于事，就没告诉她。[1] 大约过了十天，探亲归来的阿长递给鲁迅一包《山海经》。尽管拿到手上一看，便知是刻印粗拙的本子，但周玉田提到的精怪图画接二连三地出现在眼前。

1 此处应是作者笔误，鲁迅实际上说了。参见《朝花夕拾》中《阿长与〈山海经〉》：“我知道她并非学者，说了也无益；但既然来问，也就都对她说了。”

《山海经》虽是古代的地理书籍，但其中收载了古人以丰富想象力描绘的精怪和神话片段。在正统的观念中，它被视为一本讲述怪力乱神的荒唐之书而遭到贬斥，就连史学家司马迁也不好妄加判断，只说“山海经所有怪物，余不敢言之也”。正因为阿长不是读书人，所以才会做家里其他大人都不肯为他做的事情。在众多怪物之中，最受鲁迅喜爱的是刑天的形象，他抗争天帝，甚至在被砍去头颅后仍以乳为目，以脐为口，挥舞着盾牌与斧头战斗。这粗拙的四册书本，正是鲁迅得到的最初也是他最心爱的宝书。阿长与《山海经》——它深深地烙印在鲁迅的脑海里，成为日后的回忆文集《朝花夕拾》中一篇文章的标题。

继《花镜》和《山海经》之后，鲁迅如饥似渴地搜集绘图的书籍。家里收藏的绘图书籍有宣扬因果报应、描绘地狱景象的《文昌君阴骘文图说》和《玉历钞传》。一次，家里的长辈赠给鲁迅一本《二十四孝图》。一开始，这本描绘人类而非亡灵鬼卒的图书让鲁迅非常欢喜，但很快又让他百感交集。这是一本收录了24篇孝道故事的教科书，在日本也广为流传。譬如“孟宗苦竹”这个广为人知的故事——孟宗受喜食竹笋的继母之命，冬天进入竹林寻觅不可能存在的竹笋，孟宗抱着竹子恸哭，于是地面裂开生出竹笋。孟宗竹的名字便由此而来。书中基本都是孝子精诚所至，感天动地，化不可能为可能的故事。其中最令人震惊的是“郭巨埋儿”的故事。

绘图旁附上了这样的说明：“汉郭巨家贫，有子三岁，母尝减食与之。巨谓妻曰，贫乏不能供母，子又分母之食。盍埋此子?”“及掘坑二尺，得黄金一釜，上云：天赐郭巨，官不得取，民不得夺!”多年后，鲁迅这样描述自己听到这个故事时的心境：

> 我最初实在替这孩子捏一把汗，待到掘出黄金一釜，这才觉得轻松。然而我已经不但自己不敢再想做孝子，并且怕我父亲去做孝子了。家景正在坏下去，常听到父母愁柴米；祖母又老了，倘使我的父亲竟学了郭巨，那么，该埋的不正是我么？……我从此总怕听到我的父母愁穷，怕看见我的白发的祖母，总觉得她是和我不两立，至少，也是一个和我的生命有些妨碍的人。后来这印象日见其淡了，但总有一些留遗，一直到她去世……(《二十四孝图》，1926)

虽然收录了《阿长与〈山海经〉》《二十四孝图》等文章的《朝花夕拾》是一本回忆文集，是步入中年的鲁迅对自己从幼年至青年的体验所做的回顾，但该书通过一个人从幼年时期的家庭生活到辛亥革命前后的体验，生动地呈现出中国近代历史的巨大变化。我们能够在个体的历史中清晰地品读出民族历史的缩影。对鲁迅而言，这是他在试图确认自己诞生于旧社会的历史。然而，书中所描绘的往事是鲁迅在写作时整理和读取的体验，所以我们或许不能原封不动地接受鲁迅的说法，譬如鲁迅说自己因此对当孝子的计划彻底绝望了。不过可以肯定的是，少年意气的鲁迅对画册的渴望，让他很早就接触到“孝”这一最高道德的重大缺陷，以及这种缺陷最终指向的毫无人道的残酷。作为孩童的鲁迅，恐惧而痛苦地体会到，这一辈的大人能向孩子呈现的就只有这种道德。倘若换成画册来说，大人们能提供的画册就只有这一种。而这是《二十四孝图》的赠送者万万没有想到的。

鲁迅跟随周玉田四年，学完了《论语》，然后跟着立房的叔祖周子京读《孟子》。周子京是一个屡试不中的老童生，由于他在学问上毫无造诣，而且教授时多次出现严重失误，大约一年后鲁迅就从他这儿退学了，不过他也给鲁迅的少年时代留下了另外一种难忘的印象。周子京的妻子早亡，两个儿子因不堪父亲体罚而离家远去。新台门早先曾流传过此处埋藏着金银的传说，周子京对这个寻宝的梦着了魔，屡屡做出离奇古怪的举动，在宅邸内四处掘挖。后来，轮到他主持佩公祭时，他将祭田的田租典当成现钱，打算以此续弦，结果钱财被骗，最终不幸发狂而死。小说《白光》（1929）便以周子京为原型。

1892 年（清光绪十八年），年满十一岁的鲁迅依照父亲的指示，进入著名的三味书屋就读，这是当时绍兴城内最严格的私塾。教师寿镜吾以为人“方正、质朴、博学”著称，二十岁考中秀才后便不再参加科举，当了一辈子私塾先生。由于鲁迅此前已学完《论语》和《孟子》，所以他在三味书屋接着读《易经》《诗经》《书经》《礼记》《春秋左氏传》，完成了四书五经的学习，还读了《尔雅》《周礼》《仪礼》，学习了科举应试的特殊文体——八股文。上述古籍都要求背诵。寿镜吾虽然对学生们要求严格，但他并非只让学生反复朗诵，也不主张“书读百遍，其义自现”，而是在读书之前先解说一番。不仅如此，他对学生的处罚较为宽松，不常用一种名为“戒尺”的尺子抽打学生手掌，没有当时学塾普遍存在的野蛮作风。如此自由的氛围也令学生们引以为傲。在三味书屋学习的近六年里，参加科举考试始终都是鲁迅读书和练习的目标。

为了成为官吏而学习考试，这对鲁迅他们而言是一件不言自明的事，但鲁迅身上的一些特质让他无法顺利融入这种社会结构。鲁迅早年埋头阅读《西游记》《三国演义》《封神演义》《聊斋志异》等小说，临摹插图，养成了广泛的兴趣，随着自身成长，他的兴趣又延伸至被称为“野史”“稗史”的民间史书，以及《酉阳杂俎》《容斋随笔》《辍耕录》等随笔杂记上。这种读书倾向和绍兴民间流传的戏剧世界给鲁迅带来了巨大影响。

一般认为，祭祀戏剧是中国戏剧的重要起源。在中国的旧社会，人们普遍认为，那些死于非命的英雄，被虎兽吞噬或在河中溺亡等意外丧命的死者，以及自缢而亡、蒙冤受刑而亡、因无子嗣而无人祭拜的死者，他们的灵魂会在天地间徘徊，给村落招来疾病与灾厄。相传，中国的戏剧脱胎于一种叫作“建醮”的祭祀仪式，其目的是镇抚村落中出没的幽鬼亡魂，维护村子平安。绍兴地区的戏剧虽然借鉴了其他地区的各种剧目和技法，但基本保留了这种“建醮”剧的祭祀形式，会在春祭和夏季的盂兰盆节，或是旱灾、疫病流行的时候，在土地庙前的广场或临河搭建的露天舞台上演出。无论是业余的村民们定期演出的“目莲戏”，还是专业演员表演的“大戏”，由于演出是为了招待亡灵为其表演，所以戏剧内容往往是各种幽鬼冤魂的登场，展现人间的悲剧、喜剧，以及地狱的责罚之苦。戏剧通常从傍晚开始，演上一整晚，黎明时以善鬼升天、恶鬼堕入地狱的“团圆”结束，其中也有连续演两三晚的戏。在绍兴城内以及母亲的娘家安桥头、皇甫庄等地，这种充满浓厚民俗氛围的社戏世界令少年时代的鲁迅感到十分亲切。在多年后的小说《社戏》(1922)中，鲁迅用优美的笔触描绘了主人公与农村孩童之间稚嫩的亲密交往，以及临河的夜幕下社戏上演的梦幻光景。

在诸多剧目中，有两出戏令鲁迅尤为印象深刻。一出是滑稽剧“无常”，讲述从冥府被派到人间来接收亡魂的使者(“无常鬼”)，发现死者是自己的侄子，只因无常不忍见嫂子悲痛欲绝，于是让灵魂还阳片刻，便遭到阎罗王的捆打，他因此决定从今往后哪怕是皇亲贵胄也绝不留半分情面。另一出是“女吊”，讲述了幼时便被卖作别家未来儿媳的女子(“童养媳”)，不堪婆婆虐待，上吊自杀后化作怨魂，控诉往昔苦楚，发誓要报仇雪恨的故事(实际上此类戏中女主人公多为妓女)。从鲁迅多年后谈论绍兴戏剧世界的《无常》(1926)、《女吊》(1936)等散文，可以看出他的民众观深深扎根于绍兴戏剧中的人物形象，及其身上凝结的人的喜怒哀乐中。

鲁迅的小说大多以鲁镇及其周边地区为舞台。而鲁镇是一个以绍兴及其周边为原型的虚构城镇。频繁选择鲁镇作为作品的舞台，让鲁迅的文学坚实地屹立在中国大地之上。

变故与没落

1893 年（清光绪十九年），鲁迅十二岁时，新台门遭遇了一场意外变故的打击。这一年 2 月，轮到兴房主持佩公祭，所以农历新年祭祀的准备工作十分忙碌。也正在此时，“忙月”（只在年底和节末才来帮忙的雇工）章福庆带着儿子运水来看守银质祭器。《故乡》（1921）是鲁迅在日本最广为流传的小说，这位运水正是《故乡》中闰土的人物原型。而后，鲁迅的曾祖母戴氏在这一年的除夕夜过世。按照当时的规矩，鲁迅的祖父周介甫要服丧三年，于是他带着小妾潘氏及庶子周伯升回到绍兴。久别家乡的周介甫归来，新台门忽然掀起一阵波澜。对周介甫的妻子蒋氏而言，妻妾同居的日子毕竟难捱，而对于生性孤高的周介甫来说，自己离家后家中涣散的风气让他气愤不已。吸食鸦片的周伯宜也令他火冒三丈，他揪住家中每一个人叱责、谩骂。这一年秋天发生了一起使周家陷落衰败的重大事件，而导致事件发生的一大原因，或许正是周介甫的危机感引发的焦躁心情。

这一年恰逢乡试，被任命为浙江省主考官的殷如璋是周介甫的旧相识。家中有考生的五户绍兴人家得知此事后，准备了洋银一万两，托周介甫将钱赠与殷如璋，以求帮助考中。周介甫几经犹豫，终究答应了请求。他给殷如璋修书一封，在那五人之外又添上了儿子周伯宜的名字，然后备好一张一万两的银票，带着仆从陶阿顺奔赴苏州，迎接殷如璋南下。陶阿顺将信函送至官船时，殷如璋正与副考官周锡恩面谈，因此并未即刻回复。但陶阿顺等不及，在船外大声叫嚷："信里可还有一张一万两银票呢，怎么就不能给个回信呢？"于是，殷如璋为表明自身清白，不得已只好让周锡恩打开信函，事情便败露了。原则上来说，科场舞弊本是可判处斩决（斩首）的重罪，但正如这次事件所示，当时的科举纲纪正逐渐松懈。苏州知府王仁堪也是周介甫的旧相识，所以打算大事化小，不了了之。然而，关于此事的报告却传至朝堂上，并迅速演变成全国性的重大事件，光绪帝亲自下诏，要求即刻将周介甫革职下狱，严查此事。意识到无处可逃的周介甫，为了避免祸及其他而投案自首，翌年 1

月由皇帝颁下谕旨，最终被判处“斩监候”。所谓斩监候，是一种砍头的刑罚，但较之即刻行刑的“斩立决”，斩监候将行刑时间推迟至秋季，有一定的缓刑时间。在周介甫一案中，行刑被暂缓一年，他被关押在杭州监牢七年，于 1901 年（清光绪二十七年）被释放。

这件事给周家带来了沉重打击。事情败露时正在参加科举考试的周伯宜当场被抓，尽管后来获释，却被剥夺了秀才的身份。周家变卖了 20 亩水田筹措钱财，想方设法四处打点以求帮周介甫减刑。判决之后每年临近秋季时，周家都需要准备大量银钱，用作让周介甫免于行刑所必需的打点费用。不仅如此，周家还在杭州城内租了一栋房子，供周介甫的小妾潘氏、儿子周伯升及一男一女两名仆人居住，以照顾狱中的周介甫——这又是一个非常沉重的负担。

事件发生后，为了避免祸及家人，周家让孩子们到鲁迅母亲的娘家——位于皇甫庄（后迁至小皋埠）的鲁家避难。关于祖父的这次事件，鲁迅几乎没有留下什么文字。仅在《〈阿 Q 正传〉俄文译本序》（1925）中附上的《著者自叙传略》中略有提及。

鲁迅写道：“听人说，在我幼小时候，家里还有四五十亩水田，并不很愁生计。但到我十三岁［虚岁］[1]时，我家忽而遭了一

1　本书引文部分方括号内的文字皆为作者所加。

场很大的变故，几乎什么也没有了；我寄住在一个亲戚家，有时还被称为乞食者。”尽管鲁迅留下了不少自传性作品，但提及此事的却只有这篇文章，可见那时正在觉醒自我意识的敏感少年因祖父的事件受到的创伤之深。不仅如此，事件发生后的经济困窘、在亲戚家寄人篱下的生活，更让鲁迅见识到自己从未体验过的表里不一的人情与意想不到的冷酷。

话虽如此，鲁迅的避难生活也并非始终被苦痛填满。在寄居的地方，鲁迅有机会阅读大量小说。前文提到过，鲁迅通过“目莲戏”“大戏”等民间戏剧世界大开眼界，基本就是这段时间的事情。此外，相对长久的农村生活让他近距离接触到农民与农村孩子的生活，为其提供了不可多得的体验。这种寄居生活，或许也是作为地主阶级的士大夫阶层客观审视自身生活根本的一次机会。鲁迅后来这样述说：

> 我生长于都市的大家庭里，从小就受着古书和师傅的教训，所以也看得劳苦大众和花鸟一样。有时感到所谓上流社会的虚伪和腐败时，我还羡慕他们的安乐。但我母亲的母家是农村，使我能够间或和许多农民相亲近，逐渐知道他们是毕生受着压迫，很多苦痛，和花鸟并不一样了。(《〈短篇小说

选集〉英文译本自序》，1933）

翌年（1894，清光绪二十年）春天，鲁迅终于回到新台门，回三味书屋复学。这年冬天，父亲周伯宜吐血之后卧床不起。他得的本是肺结核，后来又并发肺水肿。除了在三味书屋念书外，鲁迅又不得不为照顾父亲东奔西走。后来回忆起这段时期的经历，鲁迅写道："我有四年多，曾经常常，——几乎是每天，出入于质铺和药店里，年纪可是忘却了，总之药店的柜台正和我一样高，质铺的是比我高一倍，我从一倍高的柜台外送上衣服或首饰去，在侮蔑里接了钱，再到一样高的柜台上给我久病的父亲去买药。回家之后，又须忙别的事了，因为开方的医生是最有名的，以此所用的药引也奇特：冬天的芦根，经霜三年的甘蔗，蟋蟀要原对的，结子的平地木，……多不是容易办到的东西。然而我的父亲终于日重一日的亡故了。"（《〈呐喊〉自序》，1922）文中说是"四年多"，实际上大约是两年半，周伯宜去世于1896年（清光绪二十二年）10月，享年三十六岁。在《朝花夕拾》收录的《父亲的病》（1926）一文中，鲁迅讲述了自己祈求死亡能早日到来，解脱父亲的痛苦，以此对不幸的父亲表示悲痛的爱，同时流露出对中药"名医"难以遏制的反感。

办完鲁迅父亲的葬礼，为了偿还借款，周家又变卖了剩下的二三十亩水田。他们几乎失去了所有财产，只剩下公田和房屋。由于祖父身在狱中，一家大小的责任都落在十五岁的鲁迅身上。不仅如此，来自家族内部的倾轧和轻蔑令他愈发苦闷。

有谁从小康人家而坠入困顿的么，我以为在这途路中，大概可以看见世人的真面目。(《〈呐喊〉自序》)

鲁迅的父亲死后，新台门开了一个重新分配房屋的会议，提出了对鲁迅他们所在的兴房极为苛刻的方案。鲁迅此时拒绝署名，提出必须请示狱中的祖父。曾读过鲁迅日记的周作人证实，当时这件事对鲁迅造成了极大的创伤。而且传闻这次会上最激烈责难鲁迅的正是他的第一位老师周玉田，然而鲁迅对此却只字未提。《朝花夕拾》中的周玉田自始至终都被描写成一位令人敬爱的孤独老人。与此相对应，周家诚房叔祖周子传的妻子衍太太则被分派到了一个反派的角色，对纯洁人性及人在窘境中的悲哀和苦痛表现得麻木不仁，不自觉地流露出不负责任和冷酷，尽管周家像她这样的人可能不止一个。根据《琐记》(1926)一文记载，鲁迅曾在她面前抱怨过没有钱十分不便，她不但说“母亲的钱，你拿来用就是了，还不就是你的么？”，而且教唆鲁迅，倘若母亲没有钱就拿她的首饰去变卖，还告诉他首饰在哪里。鲁迅对她的印象很异样，便打算敬而远之，但很快有流言传出，称他把家里的东西拿去变卖。

> 但那时太年青，一遇流言，便连自己也仿佛觉得真是犯了罪，怕遇见人们的眼睛，怕受到母亲的爱抚。好。那么，走罢！
>
> 但是，那里去呢？S城［绍兴］人的脸早经看熟，如此而已。连心肝也似乎有些了然。总得寻别一类人们去，去寻为S城人所诟病的人们，无论其为畜生或魔鬼。

1898年（清光绪二十四年），年满十六岁的鲁迅，出于对自己周遭环境的憎恶和对逃离的渴望，离乡出走了。

南京

“洋务”之学

前面提到，对当时士大夫阶层的子弟而言，参加科举、成为官吏被视为正途，落榜者通常的出路是去做地方官的顾问（幕友），或学习经商。然而，鲁迅决心“走异路，逃异地，寻求别样的人们”(《〈呐喊〉自序》)。他并未选择上述的任何一条道路，而是去学了洋务。当时普遍认为学洋务是走投无路的人不得已把灵魂出卖给洋人（又称“鬼子”“洋鬼子”）的行为。据说母亲曾在为鲁迅筹措了八元路费后，嚎啕大哭。

鸦片战争后，清政府仍依据传统的“华夷思想”（中华思想）将欧美诸国视为夷狄，不承认平等的邦交关系，称外交为“夷务”。然而，由于第二次鸦片战争（1856—1860）的战败与《北京条约》的签署，清政府被迫在所有外交文书上弃用“夷”字，改“夷务”为“洋务”，并开设京师同文馆，着手培养通晓外语的人才，作为与常驻北京的各国外交官交涉时的必备条件。与此同时，曾国藩、李鸿章等地方高官在镇压19世纪中叶的大规模农民起义——太平天国运动时，见识到英法联军的精良装备与训练有素，于是接连在各地开办军械所和造船厂。不久后，铁路、电讯、矿山、制铁、纺织的开发及陆海军学校的创办迅速展开。

这一系列始于19世纪60年代、引进西欧文化的运动被称为“洋务运动”，而支撑这一运动的思想则被称作“洋务思想”。这种思想是在与传统儒学及华夷思想相互竞争的基础之上形成的，一言以蔽之，就是“中学”（中国的学问）为“体”（主体）、“西学”（西欧的学问）为“用”（工具、功用）的“中体西用”论。尽管洋务派普遍在思想上认识到西欧科学技术（军事与产业）的优势，但仍坚信中国固有的学问、思想、道德、制度具有优越性。

鲁迅选择的是南京的江南水师学堂。这是一所设立于1890年（清光绪十六年）的海军学校，分为驾驶（掌舵）、管轮（机关）二科，学制三级（九年），属于洋务运动中创办的系列军事学堂之一，其余还有李鸿章的天津武备学堂（陆军学校）、天津水师学堂，张之洞的广州水师学堂，左宗棠的福州船政学堂等。鲁迅的叔祖周椒生（曾是举人）恰好在此兼任管轮科的监督和汉文教师，叔叔周伯升也在一年前入学。江南水师学堂不但学费全免，每年还支付学员二两银子做津贴。此时的鲁迅将名字改为周树人。

俗语有云“好铁不打钉，好男不当兵”，由于家族中有后生当兵是件不光彩的事情，所以他遵照周椒生的吩咐，避讳了家谱中的名字（樟寿）。

江南水师学堂第一学年每周的授课安排为《春秋左氏传》一日，作文一日，余下四日学习英语。鲁迅在这里第一次学习了英语。然而，由于校风因循陈腐，学堂内不论是师生关系，还是前辈与后辈的关系都充斥着封建规矩。鲁迅进的是管轮科，但学堂内明显存在驾驶科高人一等的歧视，据说连学科分配也被出身福建的乡党一派把控。或许是军事学校的缘故，学生处罚规定中甚至还有死刑。

学堂内最能体现洋务之学的实物便是泳池。因为是海军学校，学堂内立着高耸的桅杆，还建了一方泳池。但因为曾有两人在游泳训练中溺亡，所以鲁迅入学时泳池早已填平。旧时中国有一种迷信，将缢死者和溺死者的灵魂称为“吊死鬼”和“淹死鬼”，认为它们会化作游魂四处徘徊寻找替身，只有诱惑他人上吊或溺亡才能转世，所以为人惧惮。填平泳池正是基于这种迷信。据说为了安抚泳池填平后无法升天的灵魂，学堂还建了一座小小的供奉关羽的“关帝庙”。每年夏季的中元节，还会请来僧侣做水陆道场。

不仅如此，担任监督的叔祖周椒生是一个顽固的守旧派，鲁迅常常不得不听他作为自家人的说教，学堂的生活变得窒息压抑。为了逃离水师学堂阴暗沉重的氛围和周椒生的监管，鲁迅在此生活约半年后，便退学而去。

“变法”之风

1898年10月，从江南水师学堂退学的鲁迅通过入学考试，考上了同样在南京的江南陆师学堂附设的矿务铁路学堂（矿路学堂）。这是一所新学堂，是时任两江总督的洋务派官员刘坤一为了开采南京郊外的青龙山煤矿而开设的，鲁迅等二十四人是该校的第一批学生。

但是，由于外籍教师的赴任延误，直到第二年（1899）2月才正式开学。其间，鲁迅参加了绍兴的秀才考试。此次一同应考的除了弟弟周作人外，还有义房叔祖周伯文和周仲翔。新台门上下都指望着这场考试，尽管鲁迅在这种氛围下选择一同前往却又显出半途而废的态度。他只参加了第一场的县试，放弃了府试和院试。周伯文等人觉得鲁迅弃考实在可惜了他县试的好成绩，便频频鼓动鲁迅的母亲在周家人里找人替考。最终仅周仲翔一人考中，由于清朝此后便废除了八股文考试，改为策论（论文），因此他便成为八股文时代最后的秀才。县试后不久，年仅五岁的四弟周椿寿夭亡，鲁迅作为丧主主持了葬礼，随后回到南京。

鲁迅在矿路学堂学的是德语。在之后文学家鲁迅诞生的过程中，德语和日语发挥了巨大的推动作用。鲁迅在这里初次接触到矿物学、地质学、化学、熔炼学（炼铁）、格致（物理）、算学（代数、几何）、绘图学（制图）等学科，这些对他而言都是非常新鲜的事物。此外，鲁迅还写道："生理学并不教，但我们却看到些木版的《全体新论》和《化学卫生论》之类了。我还记得先前的医生的议论和方药，和现在所知道的比较起来，便渐渐的悟得中医不过是一种有意的或无意的骗子，同时又起了对于被骗的病人和他的家族的同情；而且从译出的历史上，又知道了日本维新是大半发端于西方医学的事实。"(《〈呐喊〉自序》) 这些新的知识后来让鲁迅专攻医学专业。

鲁迅在这所学校学习了三年直至毕业。但是由于青龙山煤矿经营不善，自第二批学生后，学校便停止招生，鲁迅等 20 多人就组成了全校唯一的一届。

不过，鲁迅在这里接触到了崭新的风气。“第二年的总办是一个新党，他坐在马车上的时候大抵看着《时务报》，考汉文也自己出题目，和教员出的很不同。有一次是《华盛顿论》，汉文教员反而惴惴地来问我们道：‘华盛顿是什么东西呀？……’学堂里又设立了一个阅报处，《时务报》不待言，还有《译学汇编》。”（《琐记》）

所谓“新党”，指的是“变法派”（又称“维新派”），而《时务报》则是“变法派”的梁启超主编的杂志。《译学汇编》准确的名称应当是《译书汇编》，是1900年（清光绪二十六年）中国留日学生创办的杂志，也是最早的留学生杂志，译载了卢梭的《社会契约论》、孟德斯鸠的《论法的精神》等作品。而“新党”成员俞明震就任校长的时间实际上是1901年。

在此之前的甲午战争（1894—1895）中，中国被小国日本击败，再次遭受巨大冲击。洋务派重要人物李鸿章培养的北洋舰队全军覆灭，彻底暴露了洋务运动及其思想的缺陷。此外，甲午战争后签订的《马关条约》不但包括了割让辽东半岛、台湾及澎湖列岛，支付巨额赔款，承认日本企业在中国的经营权等屈辱性条款，而且开启了俄、英、法、日全面分割支配（“瓜分”）中国的进程。

康有为此前便一直认为，唯有效仿俄国彼得大帝的改革和日本的明治维新，改革传统的政治体制（“变法”），采取君主立宪制度，才能拯救中国的危机，并曾向皇帝上书。1895 年（清光绪二十一年），他进京参加会试时，得知了《马关条约》的内容，召集一同进京的一千两百名举人上书朝廷，反对媾和，提出迁都西安和变法的主张，史称“公车上书”（“公车”，是指举人进京应考），一般认为这是“变法运动”的开端。此次上书并未得到采纳，其后康有为组织“强学会”（遭镇压后又成立“保国会”）继续开展运动。尤其是 1896 年（清光绪二十二年）在上海创办的《时务报》（旬刊），在宣传变法的同时致力于介绍欧洲新思想，再加上主编梁启超在新闻媒体方面的才华，在市场上大受欢迎。不久，康有为等人成功与光绪帝联合，于 1898 年（清光绪二十四年）6 月颁布维新谕旨，康有为等年轻的士大夫因此得以进入政治中枢。这一事件也称为“戊戌变法”。新政的主要内容是改革科举制度（废除八股文），开设学堂教授欧洲的学问，派遣留学生，改革官制，等等。如果说洋务运动是以汉族的地方高官为主体，那么变法运动则是官阶低微的年轻士大夫阶层与皇帝联合推动的自上而下的改革。然而，在以慈禧太后为首的守旧派主导的朝廷之中，光绪帝势单力薄。9 月，慈禧太后与袁世凯联手发动政变，轻而易举就推翻了戊戌变法。光绪帝遭到幽禁，谭嗣同等六人被抓捕处死，康有为、梁启超流亡日本。（“百日维新”）

如上所述，变法运动是一场曾一度成功掌控政治权力中心的政治运动，同时也是一场批判中国旧体制，介绍欧洲学问与思想的启蒙运动。在这场启蒙运动中，与梁启超同样发挥重要作用的人还有严复。严复是一名“洋务人才”，他曾在福州船政学堂求学，毕业后留学于英国的海军学院，归国后在李鸿章的天津水师学堂出任总教习（校长）。不过，较之航海技术的学习，他在留学期间对欧洲的哲学、政治学、经济学更感兴趣，逐渐发现并领悟到欧洲的富强并不只是因为技术上的优势，而是有一套与中国全然不同的学问和制度体系作为支柱。而且，天津的学堂生活使他有机会体验洋务运动的真实状况。由此我们看到了一个非常典型的过程——严复从“脱胎于”洋务运动的人才，逐渐转变为这一运动的批判者。甲午战争的败北给了严复一展身手的机会。1895年，他在天津的《直报》上发表文章，批判“中体西用”论，认为“西学”较之“中学”的优势，并不仅仅在于它的技术和知识，而在于它的认识论和方法，要使中国富强，就必须从根本上学习“西学”，全面改革中国的学问、思想和制度，同时提倡“鼓民力、开民智、新民德”的启蒙运动。与此同时，让严复印象深刻的还有中国与欧洲在历史观上的根本性差异。中国人的历史观立足于以“一治一乱”为常道的循环论，而严复早在英国留学期间就从达尔文、斯宾塞等人的进化论中了解到，现代欧洲的历史观立足于历史是不断进步发展的认识之上。正是甲午战争败北之后的危机感，令严复萌生了翻译赫胥黎1893年出版的《进化论与伦理学》的想法。1898年（恰好是戊戌年），该书的译本《天演论》正式出版时是木刻本，鲁迅读的是1901年版的石印本。多年后，鲁迅将自己二十岁时阅读该书的印象写成如下文字。

> 看新书的风气便流行起来，我也知道了中国有一部书叫《天演论》。星期日跑到城南去买了来，白纸石印的一厚本，价五百文正。翻开一看，是写得很好的字，开首便道：
>
> “赫胥黎独处一室之中，在英伦之南，背山而面野，槛外诸境，历历如在机下。乃悬想［想象］二千年前，当罗马大将恺彻未到时，此间有何景物？计惟有天造草昧……”
>
> 哦！原来世界上竟还有一个赫胥黎坐在书房里那么想，而且想得那么新鲜？一口气读下去，“物竞”“天择”也出来了，苏格拉第，柏拉图也出来了，斯多噶［斯多亚派的音译］也出来了。

《天演论》不仅是第一本系统地向中国介绍进化论的书籍，也是一本清晰展现欧洲学术鲜活生态的书。鲁迅获得的感动亦在于此。该书将进化论作为一种普遍性的原理提出，不仅将中国人的思想生活带入世界史的潮流中，而且让“不变必亡”的危机意识扎根在许多知识分子心里。于是从此以后，“物竞”（生存竞争）、“天择”（自然淘汰）成为支撑他们世界观的关键词。据说在《天演论》首次出版后的十年时间里，曾流行过30多种不同版本。

话说起来，在思考现代中国时，围绕《天演论》展开的事件向我们提出了一个极为有趣的问题。虽然达尔文并不热衷于将自己的进化论放大变为一种能够适用于人类及人类社会的理论，但斯宾塞却提出，将进化论作为天文、地质、生物、心理、社会、政治、伦理等所有领域的普遍原理，并为此构思了一个综合性的哲学体系。达尔文认为，进化的机制在于自然的筛选（自然淘汰）。但是，与达尔文学说的许多推广者一样，斯宾塞并不认同这一观点，他采用的是拉马克的学说，即认为进化的关键在于生物体内部存在的“欲望”，生物体的进化由适应环境的“欲望”引导（“拉马克主义”），并将由此获得的新能力和性状传递给后代。斯宾塞认为社会和文化的进化与生物体的进化一样，是由相同原理导致的必然现象。而且，作为一个始终拥护“自由放任主义”的人，斯宾塞主张不应对不可避免的社会进化（“物竞天择”“适者生存”）横加干涉。

另一方面，赫胥黎也是达尔文学说的大胆捍卫者和推广者，自称是“达尔文的斗牛犬”。他第一次直截了当地提出了达尔文避而不谈的人类起源问题（《人类在自然界中的位置》，1861），认为人类社会也始终贯穿着物竞天择的原理（《人类社会的生存斗争》，1888）。然而，在1894年出版的《进化论与伦理学》一书中，赫胥黎以往的主张和立场发生了重大转变。换言之，虽然他依旧立足于拉马克的观点来解释进化的原因，但重要的是他在该书中明确区分了宇宙过程和伦理过程。这是赫胥黎在观察到激烈生存竞争导致的痛苦与灾难后重新反思的产物，同时也是从“生存竞争中依靠智力或武力的方法与健全的伦理无法两全”的立场出发的结果，他认为“社会伦理的进步并非通过对宇宙过程的模仿，更不是依靠对这一过程的逃避，而是要靠与其斗争”“逐步地征服宇宙过程”（以上《进化论与伦理学》的引文出自矢川德光翻译的《科学与教养》）。我们可以看出，这一观点的提出是为了对欧洲列强追逐弱肉强食的帝国主义思想（“社会达尔文主义”）予以反思乃至批判。

相比之下，严复并不赞同赫胥黎区分宇宙过程与伦理过程的观点。《天演论》也并非对赫胥黎著作的忠实翻译，而是被称为“达旨”的意译，严复在各章均附上了其本人撰写的“案语”，并时常在文中引用斯宾塞的理论批判赫胥黎。严复认为，物竞天择、适者生存是贯穿自然界和人类世界的普遍原理，对于这种原理的呈现不必做任何修正。既然如此，那么严复为何要让《天演论》问世呢？这正是因为赫胥黎的“与宇宙过程斗争”的命题深深地吸引了他。严复将斯宾塞的自由放任主义称为“任天为治”，而将赫胥黎的这一命题称之为“胜天为治”。传统的儒学立足于“天命思想”，主张消灭人类的欲求、欲望，宣扬人与“天”的合而为一。严复反对这种思想，将“天”拆解为自然的、物质性的实体。他采用了荀子建立的“天人相分”说，立足于“制天命而用之”的立场，因此他将赫胥黎的命题解读为人类凭借自己的欲望和智慧一步步战胜自然的过程（“人定胜天”）。严复在译者序中对赫胥黎这本书的定位是，它挽救了斯宾塞“任天为治”思想的末流（“社会达尔文主义”）。眼看物竞天择、适者生存的浪潮滔滔不绝地冲击中国，严复试图唤醒国人，促使他们拒绝像印度、波兰那样在进化的自然过程（“天行”）中成为任人宰割的失败者（“亡国灭种”），为成为强国、维护种族（“自强保种”）而自觉奋斗。

鲁迅深受《天演论》的影响，他曾写道：“一有闲空，就照例地吃侉饼，花生米，辣椒，看《天演论》。”(《琐记》) 据说鲁迅曾背诵过《天演论》中的许多章节。

1902 年（清光绪二十八年）1 月，鲁迅以第三名的成绩从矿路学堂毕业。3 月 24 日，他乘坐日本“大贞丸”号轮船从南京出发，前往日本。此次由校长俞明震带队，同行者为五名毕业生。鲁迅在晚年的文章中这样说道：“清光绪中，曾有康有为者变过法，不成，作为反动，是义和团起事，而八国联军遂入京，这年代很容易记，是恰在一千九百年，十九世纪的结末。于是满清官民，又要维新了，维新有老谱，照例是派官出洋去考察，和派学生出洋去留学。我便是那时被两江总督派赴日本的人们之中的一个……”(《因太炎先生而想起的二三事》，1936)。

日本

思想的熔炉

鲁迅于1902年4月4日抵达横滨，4月下旬进入东京的弘文学院就读。1900年以后，赴日的中国留学生迅速增加，1902年约有500人，数量最多的是1905年（清光绪三十一年）和1906年（清光绪三十二年），约有8000人（另一说法是13000人）。弘文学院，是东京高等师范学校校长嘉纳治五郎为“清国留学生”设立的学校，位于当时的牛込区五轩町，其后为了避开乾隆帝的名讳弘历，改名为“宏文学院”。学校课程分为普通科和速成科。普通科是为升入各地的高等专门学校或大学而设的预备教育课程，学制二至三年，学习日语和一般的基础科目。速成科是一种依靠翻译人员学习师范、警察事务、物理化学、音乐等专业科目的短期培训课程。鲁迅在这里上了两年的普通科，与六人同住在一个宿舍里直到1904年（清光绪三十年）4月。

当时梁启超在横滨创办了《新民丛报》和《新小说》，继续积极开展启蒙活动，其独特明快且自评为“笔锋常带情感”的文体令青年们倾倒不已。继《天演论》之后，严复在上海又翻译出版了亚当斯密的《原富》(《国富论》，1901—1902)、斯宾塞的《群学肄言》(《社会学研究》，1903)。鲁迅也是这二人的忠实读者。

另一方面，以1900年的义和团事件为契机，一种新的趋势正在出现。义和团事件，是指甲午战争后中国北方民众直接起义，反抗列强入侵的一次武装斗争。义和团势力壮大之后，清政府主动向列强宣战，然而八国联军攻进北京城后，光绪帝和慈禧太后等人却率领少数高官逃往西安，反过来颁布了讨伐义和团的命令，任由北京被八国联军侵占。慈禧太后等人与列强媾和后回到北京，采取“新政”，鲁迅等人赴日本留学就是凭借这一“新政”。此次事件令列强认识到通过“瓜分”政策进行直接统治的弊端，索性转向利用清朝政府维护自身利益的“保全”政策。变法派原本的设想是通过引入立宪制度，在保存清王朝体制的同时达成现代化，然而清政府的一系列举动让人们对变法派的观点产生怀疑，由此形成了否定清政府乃至清王朝体制本身的“革命派”。

这一年，早前曾建立革命团体“兴中会”的孙文（号中山）在广东省惠州市发动起义，但遭到失败。经过义和团事件之后，曾参加过变法运动的章炳麟转向了“排满革命”的主张。八国联军占领北京时，市民们主动当起了“顺民”，没有一名汉人官员愿意为清政府牺牲的事实改变了他的想法。章炳麟开始认识到，倘若不“驱逐”满人，就不可能唤起读书人的爱国心和民众同仇敌忾的意志，长此以往汉人将会变成欧美列强之奴（清政府）的奴隶。1902年，章炳麟赴日与孙文会谈，打算4月26日在东京举行“支那亡国二百四十二年纪念会”，却遭到日本警察的拦阻。

然而，“排满”革命的思想从此在日本留学生群体中深入人心。鲁迅进入弘文学院就读，正是在此时。

翌年，章炳麟在上海的《苏报》杂志上发表了邹容的《革命军》，并亲笔撰写了《驳康有为论革命书》，批判变法派并提倡革命。邹容和章炳麟因此被捕，邹容身死狱中，章炳麟度过了三年的牢狱生活。二人都主张中国和波兰、印度一样已经“亡国”，已经成为他国的“奴隶”，批判康有为等变法派人士。邹容借美国独立宣言和法国大革命的历史，宣扬天赋人权和民主主义，对侵蚀国人的奴隶精神提出尖锐批判，他指出“且夫我中国人之乐为奴隶，不自今日始也”“我中国人固擅奴隶之所长，父以教子，兄以勉弟，妻以谏夫，日日演其惯为奴隶之手段”“中国之所谓二十四朝之史，实一部大奴隶史也”，接着呼吁“革命必先去奴隶之根性。非然者，天演如是，物竞如是……我同胞其将由今日之奴隶，以进为数重奴隶，而猿猴，而野豕，而蚌介，而荒荒大陆，绝无人烟之沙漠也”。邹容死在狱中时年仅二十岁，当时《革命军》的销量已超过百万册。鲁迅后来写道：“倘说［对革命的］影响，则别的千言万语，大概都抵不过浅近直截的‘革命军马前卒邹容’所做的《革命军》。”（《杂忆》，1925）当然，留学生中也有许多人在速成科轻轻松松地学习新知识，归国后在“新政”之下求得一份利益丰厚的工作。由此可见，当时在日本的中国留学生群体可以说是一个新旧思想的大熔炉。

在弘文学院学习之余，鲁迅也会去“清国留学生会馆”、逛书店、参加集会、听讲演。无论是邹容，还是后来领导革命组织“华兴会”的黄兴，当年都曾经在弘文学院就读。鲁迅入学半年后，来自杭州求是学院的同乡许寿裳也来到了弘文书院。此后，许寿裳成为鲁迅的终生挚友，始终支持着他。据说两人经常一碰面就讨论下面三个问题。

（一）怎样才是理想的人性？

（二）中国人的国民性最欠缺的是什么？

（三）它的病根何在？

他们认为中国人最缺乏的是“诚”与“爱”，而最大的病根是曾两度被异民族奴役。二人的结论是奴隶怎么可能会谈论诚与爱呢，救赎的方法唯有革命。后来，“国民性”问题成为鲁迅思想轨迹中最大的支柱性论题。不过这绝不仅仅只是革命派的论题。毋宁说，这反倒是写出《中国积弱溯源论》（1898）、《新民说》（1903）等文章的梁启超等人更热衷探讨的问题。不过，鲁、许二人在考察国民性的缺陷时，着眼于汉民族被统治的奴役状态，认为有必要通过“革命”从这种状态中实现自我救赎，这表明他们的思想与章炳麟、邹容已十分相近。

1903年3月，鲁迅在留学一年后剪掉了自己的辫子。辫子是清王朝在统治全中国时将其民族习俗强行推广的产物。“剃发令”（辫子令）颁布时，尽管各地汉人曾发起过反抗，迎来的却是“留头不留发，留发不留头”的残酷镇压。在清朝近300年的统治中，包含这一历史的辫子已成为汉族人的习惯，它的由来也遭到遗忘。然而随着人们对清朝政治体制心生怀疑，辫子开始被视为一种耻辱的象征，它直截了当地表明自己是异族奴隶的事实。不过，剪辫子并非一件易事。日本曾出现过的一种侮辱性称呼——“辫子佬”，就是指留这种辫子的人，所以许多中国留学生，尤其是速成科的学生会采取一些应对的临时手段，或是将辫子盘起藏在帽子下面，看起来像是高耸的富士山，或是把辫子解开后用油梳平再盘起来。剪辫子的困难重重，即便是鲁迅本人，在这一年夏天回乡时也不得不在上海买了一条假辫子。

当时许多来自中国各省的留学生纷纷组织了本省的同乡会，并出版杂志。浙江省的百余名留学生组成了“浙江同乡会”，将会刊命名为《浙江潮》。鲁迅的朋友许寿裳是该杂志的编辑。受其邀请，鲁迅 1903 年 6 月在杂志上发表了《斯巴达之魂》。这是鲁迅公开发表的第一篇文章，主要讲述波希战争中，国王列奥尼达率领斯巴达的军队在温泉关峡谷布阵迎击波斯人的军队，但寡不敌众，最终除国王外悉数壮烈牺牲的故事。在此之际，唯有阿里斯托德摩斯一人因眼疾脱离前线，并偷偷在深夜回来找妻子赛琳娜，然而赛琳娜严厉地斥责丈夫，说他违背了斯巴达战士“不胜则亡”的精神，随后自戕而死。在翌年的普拉提亚战役中，摄政王波桑尼阿斯指挥下的斯巴达军队终于在与波斯军队的血战中一雪前耻。战场堆积如山的尸骨中出现了阿里斯托德摩斯的尸体，是他悄然赶来并战死疆场。

1903 年 4 月，趁义和团事件出兵的俄国军队久驻中国东北不去，并要求签订条约，将这一行为合法化。以留日学生为中心的中国人民发起了“拒俄运动”，鲁迅的这篇文章便写于运动的高潮。学生们自发组织“拒俄义勇队”，同时给北洋大臣袁世凯发去电报，要求其北上抗战，由此掀起了中国现代史上第一次爱国学生运动。对此，清政府却以“借‘拒俄’之名图谋革命”的罪名对运动大肆镇压，许多知识分子从此抛弃对清王朝的幻想，转向革命派。无论是黄兴、陈天华等以湖南、湖北两省为中心成立的“华兴会”，还是蔡元培、章炳麟等以浙江、江苏两省为中心组建的“光复会”，都是在拒俄义勇军改组后的“军国民教育会”的基础上成立的。《斯巴达之魂》试图唤起当时被频繁倡导的“尚武精神”。尽管这篇少作“激昂慷慨”的稚嫩文风令鲁迅多年后颇感羞愧，但文章以一名叛逃者摆脱耻辱的过程为故事中心，讲述斯巴达军队决心以死雪耻的战斗，已然展现出鲁迅文学的重要一面。

同年，鲁迅翻译出版了儒勒·凡尔纳的两部小说《月界旅行》和《地底旅行》。[1]鲁迅的这两部译作，与其说是分别重译自井上勤翻译的《九十七时二十分 月界旅行》和三木爱华、高须墨浦翻译的《拍案惊奇地底旅行》，倒不如说是对上述译本的改编。较之

1 《月界旅行》原名 *Dela Terre à la Lune*，现通译《从地球到月球》；《地底旅行》原名 *Voyage au Centre de la Terre*，现通译《地心游记》。——编注

以满腔激情的文言文写作的《斯巴达之魂》，这两部译作采用白话文，沿袭了章回体小说的风格。两部译作试图根据当时梁启超提倡的启蒙小说理论，借白话小说的力量普及科学。不过值得注意的是，作品中巴比康等人打破引力束缚，成功飞向月球，以及黎登布洛克跨越自然界诸多障碍，持续地底探险的行动，均被定义为严复《天演论》中“天”与“人”的斗争，即人作为天的奴隶，凭借自身意志、想象力和工具的力量，一步步摆脱天的支配这一漫长进化过程的当下表现。

此外，鲁迅还在《浙江潮》上发表了《说鈤》(1903)和《中国地质略论》(同年)。前者介绍了居里夫人发现镭元素的情况；后者则论述了正被列强逐步侵占的中国煤田的形成与分布状况。在中国留学生群体混杂动荡的思想熔炉中，我们可以看到拥有科学与文学两种可能性的青年鲁迅在尝试、摸索属于自己的生存方式。

1904年4月，鲁迅从弘文学院毕业。尽管清政府指定的升学方向是东京帝国大学工学部采矿冶金系，但他却选择了医学。鲁迅当时的梦想是，“预备卒业回来，救治像我父亲似的被误的病人的疾苦，战争时候便去当军医，一面又促进了国人对于维新的信仰。”(《〈呐喊〉自序》) 他对医学的热情，甚至让一位原定进入东京高等师范学校的朋友回心转意，改学医学专业。鲁迅非常反感那些为了拿文凭而留学的中国留学生，他们会让帽子像富士山一样高耸，会在留学生会馆里兴高采烈地跳舞，会成群结队去上野赏花。所以他决定远离喧嚣的东京，去仙台医学专门学校。此时鲁迅在心里，想必强烈地渴望暂时远离，以潜心学医。

仙台与医学

1904 年 9 月，鲁迅进入仙台医学专门学校就读。仙台医专是 1902 年第二高等学校医学部独立后成立的学校，也是后来的东北帝国大学医科大学（今东北大学医学部）的前身。东北大学的片平丁校区至今仍保留着当时的几栋建筑。

面对首位中国留学生，仙台医专不仅免试、免学费录取，还派学校职工帮忙寻找住处。鲁迅最初的住处是在广濑川沿岸片平丁五二番地的佐藤屋，与青叶城趾隔岸相望；大约两个月后又搬到此处往南约 300 米的土樋一五八番地的宫川宅。两处都在位于片平丁的学校附近。鲁迅在仙台的生活，因《朝花夕拾》中收录的《藤野先生》（1926）一文而广为人知。此外，1978 年日本出版的《鲁迅在仙台的记录》(仙台鲁迅记录研究会编，平凡社)，通过当时的报纸、记录、采访、实地调查等方式，详细说明了鲁迅的勤奋求学，以及当时仙台和仙台医专的状况。

在此，我们可以通过近年发现的一封鲁迅致友人的书信(《致蒋抑卮》，1904年10月)，来看看鲁迅到仙台一个月后的生活。

> 昨忽由任君克任寄至《黑奴吁天录》一部及所手录之《释人》一篇，乃大欢喜，穷日读之，竟毕。……树人到仙台后，离中国主人翁颇遥，所恨尚有怪事奇闻由新闻纸以触我目。曼思故国，来日方长，载悲黑奴前车如是，弥益感喟。……惟日本同学来访者颇不寡，此阿利安人亦殊懒与酬对，所聊慰情者，厪我旧友之笔音耳。近数日间，深入彼学生社会间，略一相度，敢决言其思想行为决不居我震旦青年上，惟社交活泼，则彼辈为长。以乐观的思之，黄帝之灵或当不馁欤。
>
> 校中功课大忙，日不得息。以七时始，午后二时始竣。树人晏起，正与为雠。所授有物理，化学，解剖，组织，独乙种种学，皆奔逸至迅，莫暇应接。组织、解剖二科，名词皆兼用腊丁，独乙，日必暗记，脑力顿疲。幸教师语言尚能

领会，自问苟侥幸卒业，或不至为杀人之医。

仙台久雨，今已放晴，遥思吾乡，想亦久作秋气。校中功课，只求记忆，不须思索，修习未久，脑力顿锢。四年而后，恐如木偶人矣。

任克任送来两本书，其中《释人》为清朝孙星术所著，是一篇关于人体各部位古汉语称谓的论文。或许是出于对医学生鲁迅的好感，特地送来了手抄本。而《黑奴吁天录》则是林纾翻译的斯托夫人的小说《汤姆叔叔的小屋》，是 1901 年于杭州出版的魏易家刻本。林纾在清朝末年翻译了大量欧美小说，他的翻译被称为“林译小说”，译作数量超过 170 种。林纾本人不通外语，他的翻译方法是先由魏易等协助者口述作品内容，再由他译成文言文，不过林纾的伟大功绩在于他最早让中国了解欧美的文学世界。鲁迅爱读他翻译的《巴黎茶花女遗事》(小仲马《茶花女》) 和《撒克逊劫后英雄略》(司各特《艾凡赫》)。其中，描绘美国黑人奴隶悲惨境遇的《黑奴吁天录》，极大地唤起了当时中国知识分子的危机感。

在始于 1904 年 2 月的日俄战争中，日军虽然死伤惨重，但仍接连胜利，仙台市民和学生频频列队庆贺。在仙台的鲁迅远离东京的中国留学生群体（鲁迅称他们是肩负中国未来的主人翁），由于生活在日本人的社会之中，因此无论是在宿舍还是在学校里，他都能细致地观察到日本人对战争进展时喜时忧的状态。在他的同学中也有一些较年长的上了战场。旅顺陷落后，曾有1500余名俄国战俘被押送至仙台。日俄战争是日本正式作为帝国主义国家，开始积极地统治殖民地，并卷入列强间冲突的转折点。鲁迅信中的“阿利安人”，是指日本人，他们虽是黄种人却沉浸在类似白种人的优越感之中。

同学眼中的鲁迅，是一个神色暗淡、安静认真的学生。学校的便门前有一个面向学生的乳品店。据说只要来这儿，就总能看到先到一步的鲁迅一脸笑眯眯的样子，因为在这里可以自由阅读报纸和政府公报。

从鲁迅的信中，既可以看出每日学习对他而言相当辛苦，也能看出他不满于全是死记硬背的学习。而且鲁迅在信的末尾还做了补充，告知对方自己中断了此前一直在翻译的《物理新诠》，表示“而今而后，只能修死学问，不能旁及矣，恨事！恨事！”，可见鲁迅即便压抑自身的其他可能性也要一心学医的态度。

信中还说“同校相处尚善，校内待遇不劣不优”，鲁迅在此遇到了一位终生难忘的老师。第一学年的主要课程是德语（每周八小时）和解剖学（每周八至九小时）。解剖学有两位授课老师，其中一位是藤野严九郎教授。据当时的学生描述，藤野先生“人如其名，严格无比，以给分低著称”“上课严肃至极，人人惧怕”。他着装不修边幅，时常忘了系领带。传闻有一年冬天，他穿了一件非常破旧的外套，因此被电车司机误认为是扒手，司机甚至提醒其他乘客多加小心。开课一周后，藤野先生将鲁迅叫到研究室，问他是否能做好笔记，让他把笔记本拿给自己看看。笔记本提交二三日后便返还了，令鲁迅惊讶不已的是藤野先生在笔记本上用红笔细心地添改，不但补上了遗漏的地方，甚至连文法错误都一一订正了。如此一直持续到授课结束。

每年春、夏、冬季的假期，鲁迅都会离开仙台的日本社会，放下勤学的生活，到东京与许寿裳等人碰面。1904 年 11 月，以浙江人为主体的革命组织光复会在上海正式成立，蔡元培任会长。12 月陶成章等人来到日本，以留日浙江人的秘密组织“浙学会”为主体，建立光复会东京支部。身为浙学会会员的鲁迅和许寿裳也加入其中。在一次往返途中，鲁迅在水户吊唁了明朝遗民朱舜水的遗迹。

1905 年 6 月，学年期末考试结束后，一到暑假，鲁迅便了去东京。8 月，兴中会、华兴会、光复会三个组织联合成立“中国革命同盟会”，在东京召开成立大会。大会确立了“驱除鞑虏”“恢复中华”“创立民国”“平均地权”四项纲领，孙文任总理，黄兴任副总理。同盟会的总部设在东京，在中国内地、香港、澳门，以及东南亚各国、美国、加拿大等地设立支部。不过，光复会成员全部[1]加入同盟会，并不意味着光复会就此解散。鲁迅作为光复会成员，并未加入同盟会。同样是在这一年，清政府废除了有近千年历史的科举制度。历史正一步步发生重大转折。

鲁迅 9 月回到仙台时，学年考试的成绩已公布。鲁迅的成绩是六门课程平均分为 65.5（丙等），在 142 名学生中排第 68 名，各科成绩分别是伦理学乙等，组织学、生理学、化学、德语丙等，解剖学丁等。当时的成绩评定相当严格，查看保存至今的成绩册可知，在所有学生的成绩中丙等占据了绝大多数。如果一名学生有三门以上课程的成绩为丁等就会留级，当时有 30 名学生留级。于是，只有一门是丁等的鲁迅可以升入二年级。然而，有传言称鲁迅之所以会合格，是因为藤野先生在他的笔记本上做了记号，透露了出题范围。虽然《藤野先生》一文中的记述与当时同学的记忆之间多少有些差异，但这件事情确实发生过。根据鲁迅

1 此处应为作者笔误，同盟会成立时光复会有不少会员加入，但有部分人并未加入，坚持独立活动。

作品的描述，他将此事告诉了藤野先生，一些同情鲁迅的学生和他一起谴责学生会干事无端检查笔记本的无礼行为，要求公布调查结果，传言才得以平息。此事又被称为“试题泄露事件”。实际上鲁迅的解剖学成绩是表示不合格的丁等，因此这个传言显然是毫无根据的谎话。或许正如鲁迅的同学所回忆的，那是留级生们半是嫉妒半是恶作剧的产物，以此对评分严格的藤野先生表示反感。但此事却让鲁迅蒙受了不小的屈辱。对他而言，这并非是单纯的诬陷。他写道：“中国是弱国，所以中国人当然是低能儿，分数在 60 分以上，便不是自己的能力了：也无怪他们疑惑。”(《藤野先生》) 这绝非鲁迅基于受害者角度的臆想。因为在支配与被支配、歧视与被歧视的关系之中，支配者、歧视者往往难以看到或意识到这种关系的存在。不容否认的是，日本学生恶作剧的根源，在于他们的民族优越感。

到了第二学年，藤野先生负责教授解剖学实习（每周十小时）和局部解剖学（每周二小时）。藤野先生想知道中国女性是如何缠足的，足骨会变成怎样的畸形，一度让鲁迅非常为难，不过在人体解剖课上，仅鲁迅参与解剖的尸体就有 20 多具，让他学到了很多东西。据说大约是在 1905 年的寒假，来到东京的鲁迅向许寿裳讲述了胎儿是如何被巧妙地保护在母体之内、矿工的肺部是如何被粉尘污染变黑、父母的性病是如何给孩子带来残酷伤害的。此时，光复会的徐锡麟来到日本，鲁迅到横滨迎接与其同行的马宗汉、陈伯平、范爱农等人。此事在《朝花夕拾》的《范爱农》（1926）一文中可见。同行者中还有王金发。这或许也是鲁迅身为光复会成员的工作吧。11 月，日本政府、文部省应清政府的要求，颁布了《清国留学生取缔规则》，立刻在留学生中引发大规模抗议行动。围绕抗议行动的形式，留学生们分成了主张全体即刻回国的归国派和继续留日派，两派之间爆发激烈论争。秋瑾（出身绍兴的女性革命家）发表了言辞激烈的演说，批判包括许寿裳、鲁迅在内的继续留日派。论战正酣之时，《朝日新闻》刊载报道称“此乃清国学生过于偏狭解释文部省命令而心生之不满，以及清国人特有之放纵卑劣性情所致，其团结亦甚为薄弱……”，于是发生了陈天华为表抗议在大森海岸投海自尽的事件。

陈天华的抗议并非是愤慨于“放纵卑劣”这一无端诽谤的评语，他在绝命书中写道：“欲我同胞时时勿忘此语，力除此四字。恐同胞之不见听而或忘之，故以身投东海，为诸君之纪念。”[1]

1　此段日文省略了中文绝命书的部分内容。中文绝命书完整段落为“欲我同胞时时勿忘此语，力除此四字，而做此四字之反面：‘坚忍奉公、力学爱国’。恐同胞之不见听或忘之，故以身投东海，为诸君之纪念。”

换言之，他在抗议诽谤者的同时，试图唤起那些招致诽谤之人的自省与耻辱心。最终，秋瑾等200多人回国，余下的主张稳健的继续留日派占据上风，向文部省的命令妥协。尽管如此，这仍是一个一度有8000名留学生参与的重大事件。

过了元旦，1906年寒假过后进入第二学期，鲁迅的课程新增加了一门细菌学。课堂上常用幻灯片展示细菌的形态。授课提早结束时，偶尔会放一些风景或时事的幻灯片。由于当时日本刚赢得日俄战争的胜利，所以有很多关于日俄战争的新闻幻灯片。鲁迅因此看到一个被日军俘虏的中国人双手反绑、将要被砍头的画面。被处死的男人四周围着的，同样也是中国人。根据解说，正要被斩首的是一名“俄探”，也就是为俄国军队做间谍的中国人，而围在他四周的都是看热闹的中国人。他们都是健壮的体格，而神情是一样的麻木。在遥远的仙台，站在日本同学之中的鲁迅看到的便是这样的情景。这件事又被称为“幻灯片事件”，而此时冲击鲁迅的情绪与“试题泄露事件”时并不相同。这是同胞被确确实实杀害的屈辱性情景。然而，鲁迅感受到的可能不仅仅是屈辱和愤怒。之所以这么说，是因为在被残杀的同胞周围，鲁迅不得不看到其他同胞们麻木不仁的神情，他们似乎并没有对被杀者的屈辱感同身受，这表明他们丧失了人之为人的根本性感情。这并不意味着鲁迅对作为施害者的日本人毫不愤怒。但对他而言，同胞们招致屈辱的状态才是他不得不追问的对象。此时笼罩在鲁迅心头的，恐怕是一种始终伴随着愤怒和屈辱的深沉悲愤，以及作为人的羞耻感。在之后鲁迅的文学创作中，我们可以反复观察到同样的结构和意识。鲁迅之所以选择在《〈呐喊〉自序》中用“幻灯片事件”来说明自己弃医从文的转变，是因为这正是他文学根源的原初场景。

> 凡是愚弱的国民，即使体格如何健全，如何茁壮，也只能做毫无意义的示众的材料和看客，病死多少是不必以为不幸的。《〈呐喊〉自序》

鲁迅当时的观点是，必须改变国民的精神状态。换言之，对于被强加的屈辱，中国人必须重拾敏锐的感觉以及对彼此的同情心，中国人必须成为人，而不是被压迫、被割裂的奴隶。

鲁迅没有参加第二学期的考试便离开了仙台。看到藤野先生与自己告别时的悲哀神情，鲁迅只好撒谎说自己要去研究生物学，从先生那儿学到的东西还是会派上用场。藤野先生叹息说，为医学而教的解剖学在生物学上并没有用武之地。临别时，藤野先生送给鲁迅一张自己的照片，背面写着“惜别”。这张照片后来被挂在鲁迅北京寓所的书房墙上。《藤野先生》写于 1926 年，鲁迅在文中这样写道：“但不知怎地，我总还时时记起他，在我所认为我师的之中，他是最使我感激，给我鼓励的一个。有时我常常想：他的对于我的热心的希望，不倦的教诲，小而言之，是为中国，就是希望中国有新的医学；大而言之，是为学术，就是希望新的医学传到中国去。他的性格，在我的眼里和心里是伟大的，虽然他的姓名并不为许多人所知道。”

1934 年，增田涉就《鲁迅选集》(增田涉与佐藤春夫合译，岩波文库)的收录作品一事征求鲁迅意见时，鲁迅表示唯有《藤野先生》一文一定要收录其中。鲁迅期待着借此得知先生的消息。这个愿望实现了一半，另一半落了空。以《鲁迅选集》为契机，人们得知藤野先生依然健在，并在家乡福井县本庄村的一家诊所为村民治病，但此时鲁迅刚过世不久。

结婚

回到东京后，鲁迅在本乡区汤岛二丁目的伏见馆安顿下来，进入东京德语学会开办的德语学校。对鲁迅而言，德语既是他了解欧洲思想和文学的窗口，也是他为了能在接受官费资助的同时投身文学运动的选择。事实上，鲁迅在这所学校几乎没上过课，而是来往于日本桥的丸善、本乡的南江堂、神田的中西屋等古书店，勤勉地收集资料并阅读至深夜。东京找不到的欧洲书籍，就委托丸善书店订购。雷克拉姆文库丛书的内容丰富，书目繁多，价格实惠，是鲁迅经常购读的对象，单是计划购买的德文图书，他当时就搜罗了 120 种。

然而，鲁迅 7 月份却突然回国了。他是在得知母亲患病的消息后回国的，可在绍兴等待他的却是和朱安的婚事。鲁迅与朱安的婚约是何时定下的，这一点不得而知。鲁迅的叔祖周玉田是他的第一位老师，朱安是周玉田夫人家里的女儿，娘家是绍兴的大户人家。周伯撝是周玉田的长子，他的妻子与鲁迅的母亲十分亲近。这门亲事就是经她做媒人，由鲁迅的母亲定下的。在旧社会的家族制度中，传宗接代是延续先祖祭祀不可或缺的条件，以此为前提的婚姻则是家族中最受重视的活动。“父母之命，媒妁之言”被视为婚姻中的金科玉律。1904 年，出狱在家的周介甫去世后，对鲁瑞而言，长子鲁迅的婚姻成了她最大的责任。这是鲁瑞试图履行自己作为周家人的责任，也是她向儿子表达关爱的一种方式，但这桩婚姻却成了一桩不幸的事件，不仅长久地折磨着鲁迅，也令朱安痛苦不堪。

长久以来，旧社会的婚姻制度酿成了无数悲剧，尤其是处在历史过渡期的知识分子，大多深受其害。当然，他们之中也有人可以斩钉截铁地说，西方人是先恋爱后结婚，而我们是先结婚后恋爱。譬如比鲁迅小八岁、后来成为中国共产党创始人之一的李大钊。尽管李大钊十一岁时和大自己六岁的女性定下了旧式婚约，但二人并没有因贫困而气短，而是彼此建立了深厚的感情，直到动荡人生的最后一刻。然而，大多知识分子因父母决定的婚姻而痛苦不堪，不得已进入了一种重婚状态。在这一过程中，每个人都展现出各自的个性和品格。不过，有一个比鲁迅先结婚的人物，生动地展现出一种虽具过渡性却崭新的婚姻形式。蔡元培比鲁迅年长十三岁，身为翰林院编修的他曾是清朝的精英，戊戌政变后转向革命派。他的再婚是这样发生的。1900年蔡元培的妻子过世后，来给他说媒的人络绎不绝，据说他向媒人们提出了五个条件：（一）女子须不缠足者；（二）须识字；（三）男子不纳妾；（四）男子死后女子可再嫁；（五）夫妇如不相合可离婚。其中（四）（五）两个条件尤为惊世骇俗。新婚之夜，捉弄新人的“闹洞房”仪式变成了朋友们的演讲会。最后回礼时，新郎蔡元培站起来说：“（我们）就学问而言，固有先后，就人格而言，总是平等。”

那么，鲁迅的婚姻又如何呢？据说朱安虽然生长在大户人家，却是一位全身发育不全、思想陈旧的女性。她比鲁迅年长三岁，缠足，且目不识丁。在东京的鲁迅得知来自绍兴的消息后，要求取消婚约，但因为母亲态度坚决，又通过堂叔苦苦恳求，鲁迅方才同意，但同时提出两个条件：一是要朱安放开缠足；二是要她学文识字。结果朱安还是在没有达到这两项条件的情况下嫁给了鲁迅。据当时侍奉周家的王鹤照说，新婚第二天的黎明，鲁迅从二楼的新房下来，能看到他脸上有泪痕。从第二天起，鲁迅就独自在书房过夜。

鲁迅为何会同意这桩婚事呢？从他给后来成为其夫人的许广平的信函中，可以窥见一二。“我一生的失计，即在向来不为自己生活打算，一切听人安排，因为那时豫料是活不久的。”(《两地书》八三，1926 年 11 月）时日无多的想法，恐怕与鲁迅结婚之际的立场有关。鲁迅曾经对增田涉说过，自己参加清末的革命运动时，曾奉命暗杀某位重要人物，觉得自己很可能会被捕或被杀，便想问清届时被留下的母亲该怎么办，结果被告知自己似乎未抱定决心就别做了。虽说鲁迅此时已经决心从事文学运动，但生活在那个通过武装起义和暗杀实现革命的激进时代，他的身份仍是一名革命派。以下虽是臆测，但或许也是最合理的一种解释——鲁迅面对母爱原本就容易妥协，又考虑到自己的立场，于是决定顺从母亲的意愿。鲁迅还是太年轻，时代又过于激进，以致他那时还未意识到这件事的巨大代价。

结婚四天后，鲁迅就返回东京，同行的还有从江南水师学堂毕业后获得官费留学资格的弟弟周作人。直到三年后归国，其间鲁迅再没有回过家。大约同一时间，章炳麟出狱，来到东京。在神田的锦辉馆举行的欢迎会上，大约 2000 名留学生冒雨齐聚一堂，留学生群体中的革命氛围十分热烈。此后，章炳麟作为同盟会机关刊物《民报》的主笔，展开了精彩的评论活动。他运用自己在中国古典、印度哲学、西方哲学领域的渊博知识，批判康有为、梁启超等人。章炳麟是鲁迅自觉尊为师长的人物，鲁迅曾写过，章炳麟的笔锋“所向披靡，令人神旺”(《关于太炎先生二三事》，1936)。

当时，章炳麟最重视的是人作为革命承担者的主体形成，即在每一个人心中培养出一种“感情”，使其既不为富贵利禄的甜蜜诱惑所动，也不屈服于艰苦与压迫。章炳麟因此提倡“宗教”和“国粹”。

> 第一是用宗教发起信心，增进国民的道德；第二是用国粹激动种性，增进爱国热肠。(《演说录》)

章炳麟所说的宗教是指佛教。佛教带有的勇猛无畏之精神和众生平等之理想被视为其基石。章炳麟倾心于佛教的依据，是他自身忍受拷问和苦役的狱中生活体验。他在《革命之道德》中说，人不能畏死，在困难的事业中，首谋者往往失败，成功的必然是奋起的后继者们，前行者牺牲自己，后继者以他们为榜样，追随他们的足迹。他所说的国粹，是指汉民族具体的历史、精神、文化遗产的总和。对国粹的爱惜，被他视为加强汉族民族觉醒的动力。章炳麟试图揭示对抗欧洲文明的中国原理。他从现代欧洲文明中发见的，与其说是打破封建制度、实现民主的公民社会，不如说是加剧贫富差距、压迫弱者的帝国主义国家。

章炳麟的思想由复古的民族主义、平民主义和反帝国主义构成。从绝缘于王朝体制、摆脱士大夫心态的新知识分子与下层民众（尤其是农民）的结合中，他找到了推翻清朝统治甚至反抗西欧列强压迫的力量，并且期待在国际上与印度、朝鲜、越南、马来亚、缅甸等被压迫民族团结一致，共同行动。尽管被统称为革命派，但除了在“排满共和”上意见一致外，这一群体在思想上存在多种倾向，章炳麟的思想代表了光复会众人，也最能体现他们的目标。

鲁迅与章炳麟的密切往来，始于 1908 年（清光绪三十四年）夏天。章炳麟在主持《民报》时，在神田的大成中学开设“国学讲习会”。国学乃国粹之学，主要是指言语文字、典章制度、人物事迹的学问。鲁迅、许寿裳、钱玄同、龚未生（章炳麟的女婿）、周作人等人特别要求每周日前往小石川区新小川町的民报社，听章炳麟讲解许慎（后汉）的《说文解字》。《说文解字》是一部解说汉字意义与形态的最古老的字典，也是传统语言学的基础文献。

据说章炳麟上课时只穿一件背心，盘腿坐在榻榻米上，他讲课时总是热情中夹杂着风趣。1936年，章炳麟逝世之际，鲁迅在纪念恩师的文章中写道："[之所以去听讲]并非因为他是学者，却为了他是有学问的革命家，所以直到现在，先生的音容笑貌，还在目前，而所讲的《说文解字》，却一句也不记得了。"(《关于太炎先生二三事》) 鲁迅晚年打算撰写中国字体史的设想，及其对汉字问题的关注，均与这一时期的学习不无关系。不过章炳麟影响鲁迅最深的，是他不畏牺牲的革命家人格和风度。

写得有些前后颠倒了，让我们回到此前的1907年（清光绪三十三年）春天，鲁迅兄弟搬到了本乡区东竹町的中越馆。据说相隔不到三日，光复会的陶成章、龚未生、陈子英等人便出入鲁迅在中越馆的住处。7月，光复会的徐锡麟在安徽省起义，刺杀安徽巡抚恩铭，被俘后遇害。据说徐锡麟的心脏被恩铭的手下挖出，被官兵们炒熟吃了。鲁迅先前在横滨港迎接过的陈伯平、马宗汉二人亦在参与起义时身亡。紧接着女革命家秋瑾被捕，在绍兴闹市区的轩亭口被处决。秋瑾抗议《留学生取缔规则》并回国后，一边在绍兴的大通学堂训练学生，一边与徐锡麟彼此呼应，暗中准备起义。徐锡麟当时三十五岁，而秋瑾才二十八岁。这一年，同盟会在各地相继起义，但均以失败告终。

也是在此时，鲁迅和朋友们正着手筹备发行一本文艺杂志。杂志名定为《新生》，意为“崭新的生命”。就鲁迅而言，“新生”这个名字形象地展现出其从医学到文学这一转变的内在关联，此时的鲁迅二十六岁。为了这本杂志，他们不辞劳苦，倾注了青春和热情，不但专门订购了稿纸，而且连杂志封面的设计和插图都定好了，然而最终却未能出版。“《新生》的出版之期近了，但最先就隐去了若干担当文字的人，接着又逃走了资本，结果只剩下不名一钱的三个人。”(《〈呐喊〉自序》）这“三个人”是鲁迅、许寿裳和周作人。当时的留学生群体都埋头于法律、政治、警察、军事、理化、工业的学习，关心文艺美术者寥寥无几。即便是鲁迅参与的革命派，也致力于政治斗争和武装起义，因此情况并无多大改变。当时对启蒙运动最为热情的是变法派的梁启超等人。正因如此，鲁迅等人的热情中充满了昂扬的斗志。然而，《新生》的“流产”对鲁迅的重要意义要在一段时间之后才显现出来。鲁迅将原本为《新生》构思的文章发表在河南省出身的留学生主办的杂志《河南》上。关于这些文章，我们将在下一节讨论。

1908 年 4 月，鲁迅、许寿裳、周作人等五人在本乡区西片町十番地七号的一间安静的出租屋内，开始了共同生活。直到此前一年，这里一直都是夏目漱石居住的房子。房子被取名为“伍舍”。正是在这个“伍舍时期”，他们常去民报社听章炳麟讲课。这是一个激进动荡的时代，但鲁迅和许寿裳却非常喜爱房子里的庭院，并在院中种植花草。尤其是五彩斑斓的牵牛花在露水中一齐绽放的景象，深深地打动了他们的心。

《新生》

从 1907 年 12 月至翌年 12 月的一年间，鲁迅在《河南》杂志上发表评论五篇、翻译评论一篇。1909 年（清光绪三十五年）2 月和 7 月分别出版《域外小说集》(与周作人合译）的一、二册。如果《新生》能够成功出版，那么上述文章很可能会刊载在《新生》上。

在这一时期的评论中，鲁迅提及的欧洲书籍约有 80 种之多，仅凭这一点便可窥知他的学习是多么充满干劲。关于这一时期鲁迅评论的研究，是日本鲁迅研究近十多年来成果最引人注目的领域。通过这些研究我们发现，在至今被视为阐述了鲁迅独创思想的文字中，显然有很大一部分是以日语、英语、德语写作的介绍、研究、概论书籍为材料，裁剪贴合而成的。但与此同时，鲁迅能够一边收集、翻阅这些文献，一边用剪刀加浆糊的方式构建自身的思想，这种强韧的原创性足以让我们瞠目。让我们通过这些评论文章，来看看这一时期的鲁迅是如何认识世界，又是如何建构自身立场的吧。

在系统性地向中国介绍欧洲进化思想史和科学思想史的早期文献中，《人之历史》《科学史教篇》（1907）占据了重要的一席之地。极为有趣的是，这两篇文章同时也讲述了鲁迅自身从医学到文学的转变。《人之历史》一文概述了欧洲进化论的历史，介绍了达尔文的学说在海克尔手中达到了19世纪的最高峰。海克尔不仅建立了以单细胞生物为起点、以人类为终点的进化系统树，而且还发现人类胎儿的发育过程与动物的进化过程相同，即“个体发育是系统进化的再现”法则。这一学说，强化了鲁迅对进化论的坚信，使进化论成为其启蒙活动的立足点。尤其是对个体与种族在进化过程中那种强有力的关联的发现（海克尔法则），想必会让人领悟历史上的民族与个人命运的联系。

而《科学史教篇》则概述了始于希腊的欧洲科学史，论述了现代科学在方法上的成就。鲁迅最想强调的是，那些呼吁中国殖产兴业、富国强兵的人们被欧洲科学的“枝叶”遮蔽了双眼，忽略了它的“根本”，19世纪的物质文明是在长期自然探究和基础科学的积累下才开花结果的。《天演论》的作者严复强调的是，存在于“西学”根源的归纳法和经验主义，而鲁迅则主张归纳法应通过演绎法加以完善，许多科学发现的背后不仅有智力的支持，还有理想、灵感、激情与感动等非经验情感的支撑。这是鲁迅借《天演论》初次接触“西学”六年之后撰写的研究报告，也是其自身文艺创作的起点。在《科学史教篇》的结尾，鲁迅提到人不仅需要知识，还需要审美的情感与聪慧的想象力，世上不光有牛顿、波义耳、康德、达尔文等人，还有莎士比亚、拉斐尔、贝多芬、卡莱尔等人的存在，如此一来人性才能全面发展。这一主张明确宣告了文学家鲁迅的诞生。

《文化偏至论》(1907) 应该说是鲁迅这一时期评论文章的总纲。虽然《科学史教篇》中同样论述了世界历史是螺旋状发展的认识，但“文化偏至”的概念是指，文化发展的动力来自对一个时代文化的弊端和偏颇所做的改革和反抗，因此文化的发展也总是呈现出偏向一极的趋势。根据这种对历史的基本认识，鲁迅对于中国应该前进的道路做了如下描述。

> 中国在今，内密既发，四邻竞集而迫拶，情状自不能无

所变迁。夫安弱守雌，笃于旧习，固无以争存于天下。第所以匡救之者，缪而失正，则虽日易故常，哭泣叫号不已，于忧患又何补矣？此所以明哲之士，必洞达世界之大势，权衡校量，去其偏颇，得其神明，施之国中，翕合无间。外之既不后于世界之思潮，内之仍弗失固有之血脉，取今复古，别立新宗，人生意义，致之深邃，则国人之自觉至，个性张，沙聚之邦，由是转为人国。

对于19世纪的欧洲思潮，鲁迅是这样看待的。虽然美国独立和法国大革命在民众之中普及了自由平等的观念和社会民主的思想，但其后逐渐陷入偏颇，产生了糟糕的平均主义，以及依仗多数压迫超凡存在（天才）的群愚统治。不仅如此，发达的物质文明给人们带来了巨大利益，于是便出现了物质万能的社会，人们对于物质文明的信仰日渐强烈，忽视了精神层面的各种价值。然而，到了19世纪的尾声，一些人无法容忍人被卑俗的习惯裹挟而丧失主体性，只会像机器一样运转，他们意识到物质万能的思想会使个体丧失情感与意志，令人类的创造力枯竭，于是提出新的主义进行反抗。他们回归文明的根源，凭借热烈的情感和勇猛无畏的意志在欧洲社会掀起一阵波澜。鲁迅认为，这股潮流或许会变成“医治旧病的良药”和“通往新生的桥梁”，最终引领人们走向深远、庄严的 20 世纪文明。鲁迅发现的拯救 19 世纪文明弊病的潮流是施蒂纳、叔本华、克尔凯郭尔、尼采、易卜生等一群立足于个人主义与非理性主义的思想家。

据说鲁迅留学期间书桌旁总是放着尼采的《查拉图斯特拉如是说》，并在 1902 年翻译过此书的序言。鲁迅喜爱尼采的文章，而且深受尼采“超人”学说的影响，尽管后文会提到，一般认为二人之间自始至终都存在着根本性差异。此外，鲁迅文中提到的易卜生是《人民公敌》的作者。在这部作品中，尽管主人公斯多克芒因不屈不挠捍卫真理的诚实品格被斥责为“人民公敌”，但他却说“世上最强大的人，是独行者”。斯多克芒的形象清晰地呈现了此时鲁迅心中俗众与英雄（天才）的构图。鲁迅指出：（一）辉煌欧洲文明的根基在于“人”；（二）若不“立人”，则中国无法与世界为伍；（三）“立人”须尊重“个性”，发扬“精神”；（四）欧洲大地上的文明正在一步步克服 19 世纪的“众愚统治”与“物质万能”。他批判那些嫁祸于中国古代文化、为引进欧美文化（殖产兴业、富国强兵、立宪国会等）而拼命奔走的“志士”们，批判他们因为对上述四点的无知，犯下了耽误民族前途的重大错误。中国正是由于过去蔑视“精神”、排斥“个性”才导致今日的衰微，而如今“志士”们却再度大声疾呼，试图借助欧洲的“物质”和“多数”理论扼杀“天才”。旧疾之外，又因与他国往来罹患新病，在新旧“二患”相继攻伐之下，中国的灭亡更是在不断加速，这是当时鲁迅对于现状的认识。要实现“人国”就必须确立“新的主义”，为此又须有“明哲之士”挺身而出，通过批判欧洲文化把握其“精髓”，通过批判中国文化发现其“固有之血脉”。由自己来承担这一责任，是鲁迅此时的立场。

倘若将《文化偏至论》视为总论，那么《摩罗诗力说》（1907）就是分论的第一章。这是一篇“别求新声于异邦”的评论，即试图在欧洲发掘一种新的精神。“摩罗”是梵语“Mara”的音译，意为恶魔（魔鬼），是诗人拜伦因猛烈攻击彼时英国社会的传统道德被英国诗人骚塞冠上的名号。在拜伦之后，这篇评论将英国的雪莱，俄国的普希金、莱蒙托夫，波兰的密茨凯维奇、斯沃伐茨基、克拉辛斯基，匈牙利的裴多菲等浪漫派诗人与拜伦置于同一阵线，一并称为“恶魔派”诗人，并介绍他们的言行、思想和影响。这些诗人虽然样貌各异，各自张扬着本民族特有的个性，但他们的相同之处在于绝不会吟唱谄媚的歌谣。他们的呼声一起，人们立刻奋起反抗，“争天拒俗”。鲁迅说，居于天地间受自然掌控而辗转辛苦之人，会从他们的诗歌中听到伟大壮美的英雄之声，而安逸于片刻和平的人听到他们的诗歌就会惶恐颤栗。“恶魔派”诗人就是因为这种共性被联系在一起的一个群体。正如“争天拒俗”一词所示，他们是割裂的存在，肩负着必须同时兼顾两种斗争的命运。在论述拜伦及其诗歌《天与地》的一段中，这种典型形象得到了最为生动的表达。

> 人类之始，实由主神，一拂其心，即发洪水，并无罪之禽虫卉木而殄之。［幸免的］人则曰，爰灭罪恶，神可颂哉！耶彼第［《天与地》的主人公］乃曰，汝得救孺子众！汝以为脱身狂涛，获天幸欤？汝曹偷生，逞其食色，目击世界之亡，而不生其悯叹；复无勇力，敢当大波，与同胞之人，共其运命；偕厥考逃于方舟，而建都邑于世界之墓上，竟无惭耶？然人竟无惭也，方伏地赞颂，无有休止，以是之故，主神遂强。使众生去而不之理，更何威力之能有？人既授神以力，复假之以厄撒但；而此种人，又即主神往所殄灭之同类。以撒但之意观之，其为顽愚陋劣，如何可言？将晓之欤，则音声未宣，众已疾走，内容何若，不省察也。将任之欤，则非撒但之心矣，故复以权力现于世神，一权力也；撒但，亦一权力也。惟撒但之力，即生于神，神力若亡，不为之代；上

则以力抗天帝，下则以力制众生，行之背驰，莫甚于此。顾其制众生也，即以抗故。倘其众生同抗，更何制之云？裴伦亦然，自必居人前，而怒人之后于众。盖非自居人前，不能使人勿后于众故；任人居后而自为之前，又为撒但大耻故。

［拜伦］故怀抱不平，突突上发，则倨傲纵逸，不恤人言，破坏复仇，无所顾忌，而义侠之性，亦即伏此烈火之中，重独立而爱自繇，苟奴隶立其前，必衷悲而疾视，衷悲所以哀其不幸，疾视所以怒其不争，此诗人所为援希腊之独立，而终死于其军中者也。

正如此处所见，与欧洲文化的斗争是围绕“天帝”（“神”）与“恶魔”（“撒旦”）的对立这一欧洲精神史的核心主题展开的，这对鲁迅自身思想的形成具有极其深刻的意义。在中国的正统思想中，天帝是宇宙的主宰者，被赋予巨大的权威。地上的皇帝是在天帝的授命下统治人类的“天子”。祭天仪礼既是天子的义务，也是天子专属的特权。对此，前文提到的荀子“天人相分”说，则消解了天作为主宰者的权威，将其还原为自然的、物质性的存在。尽管极为罕见，但《天演论》的作者严复之所以能够提出“胜天”说，正是由于这种天论的存在。上文也提到过，鲁迅的译作《月界旅行》就是基于这种“胜天”说。传统中国并非没有违抗上天的神话形象，譬如被天帝砍去头颅后仍以乳为目、以脐为口持续斗争的刑天，以及为了治理地上的洪水从天帝那里盗取“息壤”（用之不竭的土壤）而被杀死的鲧（二者皆来自《山海经》），但都只停留在零散的记述层面。虽说对于“天道”的疑问屡见不鲜，但始终没有形成对抗天帝的思想，以及体现这一思想的人物形象。故此，雪莱笔下觉醒的普罗米修斯（《解放了的普罗米修斯》），弥尔顿的《失乐园》、拜伦的《该隐》和《天与地》中的撒旦形象就不可能不为鲁迅带来鲜活的感动。

而且撒旦身上体现的并不仅仅只是与天帝的斗争。他在与天帝斗争的同时，还必须不断鏖战以振奋众人。天帝之所以能肆意地耀武扬威，是因为人们的跪拜。然而，人类精神上的枷锁过于沉重。众人难以意识到这一点。不仅如此，他们甚至会借助天帝的力量，折磨撒旦。这正是撒旦的焦躁与孤独如此强烈的原因所在。但也正因如此，撒旦必须具备无论倒下几次都能奋起继续战斗的坚强意志。因为撒旦绝不会放弃众人，任由其继续作奴隶。这也是尼采的查拉图斯特拉与拜伦的撒旦之间的区别，查拉图斯特拉在教导人们以彼岸为目标成为超越者——“超人”的同时，唾弃民众，对其不屑一顾。如此一来，撒旦的斗争不得不变成

“反抗”与“压制”、“反抗”与“挑战”的双重抗争。此处所说的“挑战”，是引导众人奋起斗争的意味（鼓动），而非设计诱敌的意思。肩负双重斗争，身兼对众人的“哀怜”与“憎恶”。在这种沉重的矛盾中挣扎生存，既是撒旦被赋予的命运，也是其使命。鲁迅认为，无论是“人道”，还是“自由”，抑或是人类“进化”的原动力，都存在于这种生存方式之中。为了支援希腊独立而奔赴战场的拜伦，正是这种撒旦的化身。在仙台的幻灯片中，鲁迅看到了同胞们麻木不仁的冷漠世界，而在先觉者的这种生存方式与呼声之中，鲁迅找到了打破这个世界的力量。

此外值得一提的是，鲁迅在这篇文章中花费大量篇幅论述波兰和匈牙利的诗人们。当时，他们仅仅只作为亡国的先例被大张旗鼓地宣传，但他们的实际情况却几乎不为人知。在东京的一家古书店，鲁迅购买了裴多菲的小说《绞吏之绳》的德文译本。该书讲述了一个骇人的复仇故事，鲁迅颇为喜爱。密茨凯维奇、斯沃伐茨基等人的诗歌中最令鲁迅心动的，也是其中激昂的复仇精神。

《破恶声论》（1908）一文构思的目的是为了批判梁启超等变法派（与革命派相对，又称改良派）的“汝其为国民”主张与吴稚晖等无政府主义派的“汝其为世界人”主张（“恶声”，是指他们的主张）。作为分论的第二章，文章的立意是阐明中国的“固有之血脉”。改良派的主张被进一步分解为“破迷信”“崇侵略”“尽义务”，而无政府主义派的主张被分解为“同文字”“弃祖国”“尚齐一”等各项，但这篇文章并不完整，在讨论完前两项后便结束了。在“破迷信”一节中，鲁迅批判了那些以科学之名否定中国“宗教”（泛神论）、“赛会”（社祭）、“神话”（譬如龙）的理论。鲁迅认为这些都是中国的“朴素之民”孕育出的产物，分别体现了他们的进取心、劳作一年后的欣慰和丰富的想象力，虽不值得引以为傲，但也并无可耻之处，而“士人”（知识分子）的迷妄和虚伪在于，他们试图从民众手中剥夺、破坏这些东西。接着，鲁迅又按照下述逻辑批判了“崇侵略”。他认为崇拜欧洲列强的侵略行为，并试图通过效法与列强为伍的思想，其实是在崇拜欧洲至今仍无法克服的“兽性”。他说，受到“兽性”的压迫却对其大加赞颂，而且还轻蔑嘲笑印度、波兰是“亡国之民”，这是较“兽性”更加低等的“奴子之性”的表现。鲁迅认为，倒不如说中国人有义务团结有同样困境的各国人民，对抗企图侵略无辜国家的列强的“兽性”，在全世界建立崭新的“人性”的秩序。而此时鲁迅依据的是从中国“朴素之民”身上继承的那种“固有之血脉”。

然中国则何如国矣，民乐耕稼，轻去其乡，上而好远功，在野者辄怨怼，凡所自诩，乃在文明之光华美大，而不借暴力以凌四夷，宝爱平和，天下鲜有。惟晏安长久，防卫日弛，虎狼突来，民乃涂炭。第此非吾民罪也，恶喋血，恶杀人，不忍别离，安于劳作，人之性则如是。倘使举天下之习同中国，……则大地之上，虽种族繁多，邦国殊别，而此疆尔界，执守不相侵，历万世无乱离焉可也。

鲁迅认为，所谓的“兽性”与此相对，是指强者假借“优者”主导的“自然淘汰”(“优胜劣汰”）中之名，行侵略弱小国家之实。关于“兽性”的由来，鲁迅是这样理解的。

人类顾由昉，乃在微生，自虫蛆虎豹猿［长臂猿］狖［长尾猴］以至今日，古性伏中，时复显露，于是有嗜杀戮侵略之事，夺土地子女玉帛以厌野心；而间恤人言，则造作诸美名以自盖，历时既久，入人者深，众遂渐不知所由来，性偕习而俱变，虽哲人硕士，染秽恶焉。

“人欲超禽兽，则不当慕其思”，在鲁迅的进化论中，人只有克服了自身内部的“兽性”才能成为真正的“人”。强者逻辑（“社会达尔文主义”）主张的是“人”（优者）淘汰“禽兽”（劣者）的进化论，而鲁迅的进化论则是为了对抗强者逻辑而建立的逆向逻辑。换言之，通过发现中国“固有之血脉”中流淌的“人”血，将强者逻辑中的“人”逆转为“禽兽”，将“禽兽”逆转为“人”，强者就会被置于进化的低位。与此同时，它也是对赫胥黎伦理学说的复原。尽管赫胥黎的理论第一次将进化论传入中国，但在译者严复的批判性介绍下，它一直埋没在斯宾塞的学说和严复自己的进化论中，处于不见天日的暗处。此外，虽然人们认为《破恶声论》深受章炳麟的影响，但这种进化论与章炳麟的思想却有所不同。1906 年，章炳麟提出著名的“俱分进化论”，认为当人类生活中的善进化时恶也会进化，快乐进化时痛苦也会进化。为了否定优胜劣败、弱肉强食的进化论，章炳麟瓦解了进化本身的意义，然而鲁迅的进化论却非常稳固。

鲁迅否定了“先进欧洲”与“落后中国”的单线式构图，将二者都视为病态。中国在克服新旧“二疾”、实现历史新生的同时，必须积极参与人类的进化过程，这便是鲁迅树立的充满生命力的愿景。

如前所述，这篇论文本应进一步批判当时无政府主义者的主张，全面阐明鲁迅思考的“固有之血脉”，但遗憾未能完成。而鲁迅所说的“固有之血脉”却因人民多年的困苦而日渐稀薄，早已仅见于“古人之记录”与“气禀未失之农人”。因此，尽管这三篇评论流露出激昂的热情，但其根底上却始终满载着深沉的寂寞。

到了1909年（清宣统六年），他们解散了“伍舍”，鲁迅和许寿裳、周作人一同搬到了西片町十番地十九号。同年3月和7月，鲁迅与周作人合作翻译的《域外小说集》第一、二册相继出版，共收录16篇短篇小说。作者国籍及篇数分别是，英、美、法国作家各一人（每人一篇），俄国作家四人（七篇），波兰作家一人（三篇），波斯尼亚作家一人（两篇），芬兰作家一人（一篇）。上述作品的挑选清晰地表明了他们关注被压迫民族和俄国的思想立场。其中，鲁迅翻译了安德烈耶夫的《谎言》(《谩》)、《沉默》(《默》) 和加尔洵的《四天》(《四日》)，余下13篇为周作人翻译。译作虽采用文言文，却是正式介绍欧洲短篇小说的初次尝试。虽然他们干劲十足，译文也十分出色，但两册书的销量却十分惨淡。在东京，第一册售出21本，第二册售出20本，据说上海的情况也大致类似。第一册之所以多卖一本，是因为许寿裳为了确认书店是否按定价销售，自己试着买了一本。第三册以及之后的出版计划最终化为泡影。1909年8月，留学了八年的鲁迅决定回国。

关于回国的理由，鲁迅后来说：“因为我底母亲和几个别的人很希望我有经济上的帮助。”（《〈阿 Q 正传〉俄文译本序及著者自传略》，1925）弟弟周作人还在立教大学读书，又与日本女性羽太信子结婚，需要兄长在经济上的支持。为了成全弟弟的恋爱与婚姻，鲁迅选择了归国。相传，在他回国的行李中，除了自己制作的组织学标本，还有一盆栀子花。

杭州、绍兴

归国者

鲁迅归国后成为了杭州的浙江两级师范学堂教师。该校在鲁迅回国的前一年（1908）4月才刚刚开办，在学制和校舍建筑上效仿日本的东京高等师范学校。所谓“两级”，主要由中学教师培养课程和小学教师培养课程构成。后来作为“抗日七君子”之一为人知晓的沈钧儒任监督（校长），比鲁迅先行一步回国的许寿裳任教务长。鲁迅在许寿裳的推荐下就职于此，负责教授化学与生理学，并在日本教师铃木珪寿的植物学课上担任翻译。教师中的大多数都曾留学日本，如同样是矿路学堂出身、与鲁迅一起留学的张协和，曾是“伍舍”一员的钱家治，等等。其中不少人都剪掉了辫子。鲁迅回国后迅速在上海购买了一条假辫子戴着，但假辫子时而在路上脱落，时而又遭到他人的恶作剧，让他十分狼狈，于是大约一个月后就拿掉了。短发的鲁迅走在街上，常被视为异类，受人嘲笑毒骂。他冬天时穿着与日本一样的学生服，夏天时一直身穿白色的薄布长衫。

鲁迅的授课详细易懂，讲义资料图文并茂、简洁明快，深受学生们的信赖。作为植物学的课堂实践，他还和铃木一起带领学生到杭州近郊的山上采集标本。据说在讲解人类的生殖现象时，鲁迅严肃且生动的授课，令人耳目一新。

然而，到了 12 月，沈钧儒调任浙江省咨议局副议长后，对他的开明管理和教师们的民主氛围早就心生戒备的浙江巡抚增韫，马上任命浙江教育会会长夏振武为监督。夏震武是一名顽固的道学家，他在上任时要求教师身穿礼服迎接，并让他们带领学生祭拜孔子像。在当天面向学生的训话中，夏震武提倡“廉耻教育”，否定沈钧儒在任时的教育，对教师们的短发和西装大加抨击，甚至劝告拒绝祭拜孔子像的许寿裳辞职。由于教师们集体提交辞呈，学生们也挺身抗议，翌年 1 月夏震武终于被迫辞去校长一职。

1910 年（清宣统二年）5 月，鲁迅的继祖母蒋氏去世。蒋氏是鲁迅祖父周介甫的继室，是一个一生福薄的女人。丈夫当上中央官员后与年轻小妾在北京生活，在此期间她一人留守家中。丈夫归乡后，她又因为丈夫的孤傲、妻妾同居的生活，以及紧随其后的剧烈变故费尽心神，连唯一的女儿也先她而去了。鲁迅从小听着蒋氏讲述的故事和传说长大，对他而言，祖母是他难以忘怀的人。当鲁迅得知祖母病危的消息并急忙赶到绍兴时，她已气绝身亡。作为嫡孙，鲁迅必须担任丧主。鲁迅在后来的小说《孤独者》(1925)中，描绘了主人公魏连殳的继祖母的葬礼，据说那个场景就表现了鲁迅此时此刻的状态。同族的其他人害怕他这个“崇洋媚外”的“新党”对葬礼中的一切环节提出异议，待他回来，坚持要求他必须遵守三项条件——穿白色丧服，行正式的跪拜礼，请和尚道士来做法事。他静静地听人们轮番上阵七嘴八舌劝说的话语，最后回答“都可以的”，反倒教人大吃一惊。葬礼按照惯例规规矩矩地举行，人们在反复交替地叩拜和哭泣，他却正坐在席子上，没有落一滴眼泪。然而，当入殓仪式结束，列席者将要起身离去时，他却突然泪流满面，失声痛哭。众人纷纷上前安慰，但他依旧哭嚎，像铁塔般一动不动。大约三十分钟后又突然停住了哭泣，不和吊唁者招呼一声就回屋了。

小说《孤独者》中写道：“像一匹受伤的狼，当深夜在旷野中嗥叫，惨伤里夹杂着愤怒和悲哀。”他之所以采取如此古怪的举动，既是对继祖母之死的哀悼，哀悼她亲手造就了自己的孤独，又在咀嚼孤独中度过一生；也是一种对世人的抗议，抗议人们因为徒有其表的礼教，丧失了真正的悲哀，仿佛是在愚弄一个人的人生。

同年 7 月，鲁迅辞去了浙江两级师范学堂的教职，返回绍兴。8 月，他做了绍兴府中学堂的博物学教师。虽然鲁迅是受该校新任监督杜海生的邀请而来，但他在这里却两度卷入学校纷争。杜海生因第一次纷争而辞职后不久，鲁迅留学时期的友人陈子英被任命为监督，鲁迅兼任监学（教导主任）一职。同样离开杭州的许寿裳当时正在北京的财政部任职，从鲁迅写给许寿裳的信里，可以一窥他这一时期的状况。

在 1910 年 11 月的信中，鲁迅写道：“仆自子英任校长后，暂为监学，少所建树，而学生亦相安。五六日前，乃复因考大哄：盖学生咸谓此次试验，虽有学宪之命，实乃出于杜海生之运动，爰有斯举，心尚可原。杜君太用手段，学生不服，亦非无故。今已下令全体解散，去其谋主，若胁从者，则许复归。计尚有百余人，十八日可以开校。此次荡涤，邪秽略尽，厥后倘有能者治理，可望复兴。学生于仆，尚无间言；顾身为屠伯，为受斥者设身处地思之，不能无恻然。颇拟决去府校，而尚无可之之地也。……仆荒落殆尽，手不触书。惟搜采植物，不殊曩日，又翻类书，荟集古逸书数种，此非求学，以代醇酒妇人者也。”（11 月 15 日）

因为校务繁忙，鲁迅时常住在学校，没有回家。这封信描述了鲁迅夹在行政当局、监督和学生三者之间左右为难、因矛盾而苦恼的状态。之后，鲁迅致力于学校的改革，在 12 月 21 日的信中，他应陈子英的要求，邀请许寿裳回绍兴一起建设学校，并谈到将来的希望。但在翌年 1 月的信件中，鲁迅却突然变得非常悲观，他说：“越中理事，难于杭州。技俩奇觚，鬼蜮退舍。近读史数册，见会稽往往出奇士，今何不然？甚可悼叹！上自士大夫，下至台隶，居心卑险，不可施救……”

在从事上述校务的同时，鲁迅还会到以会稽山为代表的近郊山上采集植物，制作标本，同时也在继续自杭州时期便开始的古代散逸书稿的修复工作。这项工作是根据唐朝的《初学记》《北堂书钞》、宋朝的《太平御览》《太平广记》等类书（一种按照条目将各种文献摘录、整理成文章的百科全书），将引自已散失书籍的章句抄录下来，按照书目加以整理、校订。《会稽郡故事杂集》和《古小说钩沉》便是这项工作的成果。前者汇集了会稽出身的人物传记和相关的山水风土记录；后者集录了从汉代到六朝时期的古代小说。后者使用的“钩沉”一词，意为用钩（钓钩）将沉没于水底的东西钓上来。该书试图尽量准确地揭示那些被蔑视、埋没的古代小说，探明古代人真实的心境与想象力。这本书与收录唐宋小说的《唐宋传奇集》，以及关于古代小说的史料集《小说旧闻钞》共同为鲁迅后来的《中国小说史略》奠定了基础。从上文信中的“此非求学，以代醇酒妇人者也”一句，可以窥见鲁迅当时的寂寞和微妙的家庭生活。他的工作根植于一种真挚的热情，他希望用崭新的光芒照见被埋没之物，从而读懂古人的灵魂。在留学时，鲁迅立志从事的事业是研究中国人的“国民性”，揭示其“固有之血脉”，而这一时期的工作表明，他对理想的追求进入了更加脚踏实地的阶段。

此时，鲁迅与范爱农重逢，并开始密切往来。范爱农是徐锡麟的学生，两人在留学期间相识。范爱农毕业于东京物理学校，但回国后遭人排挤，当时隐居乡间，靠给几个小学生教书糊口。他时常会到绍兴看望鲁迅，两人对饮。

在绍兴府中学堂，鲁迅是为数不多没有辫子的人之一。“我所受的无辫之灾，以在故乡为第一。”（《病后杂谈之余》，1934）短发和西装在当时被视为“里通外国”的证据，在熟人众多的绍兴就更是如此了。身为满人的绍兴知府每次到学校视察，都会注视他的短发，不停地找他说话试探，因此尤其不能掉以轻心。相传在孔子诞辰日，陈子英和鲁迅都曾戴上假辫子去祭拜。

然而，有一日学生中忽然兴起了剪辫子的风潮，鲁迅加以阻止，有学生代表来诘问鲁迅：究竟是有辫子好呢，还是没有辫子好呢？鲁迅回答是没有辫子好，但又劝学生们不要剪比较好。学生们就指责鲁迅“言行不一致”，有几人剪掉了辫子。紧接着，风潮波及绍兴师范学堂，有六名学生剪了辫子。经鲁迅等人的援手，中学堂的学生好不容易免于处分，但师范学堂的六名学生却遭到退学。

1911年5月，为了催促弟弟周作人归国，鲁迅曾到日本待了大约半个月。周作人先前就表示过，希望能在日本多待一段时间学习法语，然而鲁迅已无力继续承担经济上的援助。鲁迅在给许寿裳的信中写道：“仆拟即速之返，缘法文不能变米肉也，使二年前而作此语，当自击，然今兹思想转变实已如是，颇自闵叹也。”（1911年3月7日）逗留东京期间，鲁迅既没有会见任何朋友，也不曾外出游览，只是略略瞧了瞧丸善书店，但书架已经完全变了样，想要的书太多，到头来一本也没买。无奈只能感慨自己在越中闭门不出的时间里，彻底变成了一个乡野村夫。

在同年7月末的书信中，鲁迅讲述了自己东京之行的经过，他说："越中学事，惟从横家乃得大法，不才如仆，例当沙汰。"（7月31日）言语中希望许寿裳帮他寻一个工作的地方。暑假期间，鲁迅辞去了绍兴府中学堂的工作。

辛亥革命

1911年10月10日，湖北省武昌的新军起义拉开了辛亥革命的序幕，革命迅速席卷全国，不到两个月的时间里，大部分省市都宣布从清政府“独立”。翌年（1912）1月1日，孙文就任临时大总统，宣布中华民国成立并定都南京。2月12日，宣统帝退位，延续了近三百年的清朝最终垮台。不仅如此，两千多年的王朝统治也被打上了休止符，而且建立了共和国。

辛亥革命刚开始，陈子英和鲁迅就在学生们的要求下回到绍兴府中学堂工作。11月5日（1911），杭州宣布光复。杭州光复的消息传到绍兴，城里也一齐挂起了白旗。鲁迅碰见了从乡下来城里的范爱农，摸了摸他没有辫子的脑袋，庆幸这一日终于到来了。当时，以绍兴青年为中心成立的社团“越社”号召群众举行庆祝大会，鲁迅作为主席发表了一场演讲。当清军残兵要来的流言传开时，他和中学堂的学生们一起组织武装宣传队，尽力安抚动摇的人心。

然而，革命的过程极其复杂。各地成立的革命政权接二连三被立宪派和旧官僚夺取。浙江省也不顾起义的领导者王金发的反对，任命立宪派的汤寿潜为都督。尽管绍兴 11 月 6 日宣布独立，但新的绍兴军政府成立以后，就任府长的却是原绍兴知府程赞清，被任命为治安科长的章介眉不但之前做过浙江巡抚的刑名师爷，而且被公认是处死秋瑾的幕后黑手。尽管改头换面，但内里却故态依旧。

数日后，在越社青年们的要求下，王金发率领革命军进入绍兴城。王金发本是会党（传统民间的秘密结社）出身，经陶成章介绍加入光复会，与徐锡麟等人一起赴日本大森体育学校学习，归国后与秋瑾一起在大通学堂担任体育教师，为革命东奔西走。秋瑾死后，他从事了大量秘密工作。自从鲁迅到横滨迎接王金发一行人以来，两人就相识了。王金发在民众的欢迎中进入绍兴城，随后立刻解散军政府，自己任都督，在逮捕章介眉的同时，释放监狱中的革命派，颁布新政。鲁迅被委任为山会师范学堂的监督，范爱农任学监。当时在该校就读的孙伏园说：“那时学生们迎接新校长的态度，完全和欢迎新国家的态度一样。”无论是鲁迅还是范爱农，都忙得再没有空闲喝酒聊天了。

然而，在阿谀奉承者、旧官僚和地方乡绅的包围下，王金发迅速腐化。越社的青年们看不下去，计划办报，对新的军政府进行监督批判，向鲁迅寻求帮助。1912年（中华民国元年）1月3日，《越铎日报》创刊。除发刊辞《〈越铎〉出世辞》之外，鲁迅还在该报上发表了《望越篇》《望华国篇》《民国之征何在》等数篇警世文章。在这些文章中，鲁迅阐述了每一个“国民”应该对“共和国”肩负的责任，呼吁绍兴人恢复大禹、勾践的勤勉与气魄，回想起“夫越乃报仇雪耻之国，非藏污纳垢之地也”的先人遗训，不要让旧制度轻易留存下来。

1月30日，光复会领袖陶成章在上海被同盟会陈其美的部下蒋介石派人暗杀。在为数众多的革命家中，陶成章是鲁迅最敬爱的一人。他忍受着艰难困苦，拿麻绳作腰带深入农村，将会党组织成革命派。紧接着在绍兴，王金发释放了章介眉。于是，鲁迅的文章渐渐变得愈发悲痛。在迎来这场期待已久的革命后，鲁迅不得不切实感受到阻挡在自己面前的东西是多么沉重。他在《望越篇》中提出了“种业”的概念。“业”是指印度哲学中的“Karma”（决定当下状况的过去的力量），而“种业”则是指一个民族在长久的历史中形成和继承下来的业。鲁迅提出，中国的“种业”是在260余年的异民族统治和两千多年的专制政治下诞生的产物，尽管中国如今已经挣脱了这一桎梏，但要脱离“种业”，实现“新生”，并非易事。

“业”的概念为赫胥黎的《进化论与伦理学》(《天演论》)的形成提供了重大启发。从“业”的概念中，赫胥黎认识到关于进化的宇宙过程（优胜劣败、弱肉强食）给人类带来的不可避免的痛苦，东方自古以来就有一种根本性的认识（他在希腊的斯多亚派中也发现了同样的认识)。印度的教义通过断绝一切梦想，熄灭烦恼之火——涅槃来摆脱“业”，而赫胥黎积极地建立了一种依靠人类现世的努力来突破“业”的伦理进化论构想。普遍认为，鲁迅的“种业”概念与其说是源自佛教研究，毋宁说是基于《天演论》的产物。无论如何，辛亥革命后的急剧发展令鲁迅更加现实地直面他所谓国民性的消极一面。《望华国篇》一文中可见这样的表述：“故观近古史书，历历皆罪恶之迹，亦历历皆耻辱之痕也。”文章呼吁只有依靠对民族“耻辱”的自觉和“悲哀”的力量，才有可能“悔改”，才能实现自我的“新生”。[1]

---

1 《望华国篇》的作者署名为“独应”，是否是鲁迅目前仍存在争议，部分学者认为作者实为周作人。

另一方面，从越社的青年们身上，鲁迅也品尝到失望的苦楚。青年们一边猛烈地批判军政府和王金发，一面若无其事地收下了王金发送来的 500 元。鲁迅劝他们不应该收钱，但青年们主张收了钱也能继续批判，对他的意见充耳不闻。王金发一气之下断绝了对师范学堂的资金支持。2 月 13 日，鲁迅辞去了监督一职。

匆匆从德国留学归来的蔡元培，在新成立的南京临时政府就任教育部部长。许寿裳也赴教育部任职。蔡元培在许寿裳的推荐下聘用鲁迅，鲁迅离开绍兴，只身前往南京。尽管当时政局动荡不安，绍兴的局势已足以让人料到中华民国的命途多舛，但鲁迅仍旧毫不犹豫地为新政府的教育事业尽心竭力。他在后来的一封书信中说道："说起民元的事来，那时确是光明得多，当时我也在南京教育部，觉得中国将来很有希望。自然，那时恶劣分子固然也有的，然而他总失败。"（《两地书》八，1925）民国元年时，鲁迅三十岁。

北京之一

“辛亥”之死

1912年2月中旬，鲁迅前往南京的中华民国临时政府教育部赴任。然而，能感受到“光明”的时间却十分短暂。辛亥革命爆发后，清政府任用袁世凯为内阁总理大臣，企图镇压革命，袁世凯控制的北洋新军拥有当时中国最强大的武装力量。但他依靠列强的支持，巧妙地操控了孱弱的清政府和武装力量不足的革命阵营，以清帝退位为筹码迫使孙文让步，得到了临时大总统的职位。革命派阵营派出蔡元培等六人作为特使迎接袁世凯南下。岂料袁世凯一方面用夸张的礼仪欢迎特使，另一方面则策划兵变，并以此为借口常驻北京不走。3月10日，袁世凯在北京正式就任中华民国临时大总统，首都迁至北京。如此一来，革命的成果就被北洋军阀的巨头袁世凯篡夺了。

5月初，鲁迅与许寿裳共赴北京，中途经过绍兴稍作准备。现存的《鲁迅日记》是从5月5日鲁迅抵达北京的那一日开始的。鲁迅住在宣武门外南半截胡同绍兴会馆的藤花馆中，从这里前往西单南大街的教育部上班。蔡元培仍旧任教育总长，鲁迅被任命为社会教育司第一科科长，兼任佥事。佥事是一种职务等级，从高到低依次为参事、佥事、主事。社会教育司第一科掌管博物馆、图书馆、动植物园、美术馆、美术展览会，负责文艺、音乐、戏剧等文化遗产的调查、收集及通俗教育等工作。

从这一年的6至7月，鲁迅深切地感到，“革命”曾相当于是他们的青春，但它最终失败了。当时的知识分子大多受到英国功利主义或是稍后的美国实用主义的影响，而教育总长蔡元培却是少有的研究德国哲学的思想家。他根据康德的美学理论，强调美感教育在人类发展中发挥的作用。他有一个著名的主张，即“以美育代宗教”。因此，鲁迅的思想和教养深受蔡元培的信赖。蔡元培曾委托鲁迅在教育部主办的讲座上担任讲师，讲授“美术略论”（所谓“美术”，泛指所有“艺术”）。1912年6至7月，鲁迅共做了五场演讲。不过在此期间，为了抗议袁世凯的专横跋扈，蔡元培、宋教仁等四位出身同盟会的内阁成员递交了辞呈。尽管辞职是在 7 月 14 日得到批准的，但在蔡元培正式辞职的两日前，教育部召开的临时教育会议早已将“美育”从新制定的教育方针中删除。鲁迅在这一日的日记中写道：“闻临时教育会议竟删美育，此中豚犬，可怜可怜！”蔡元培辞职后，袁世凯派系的次长范源濂任代理总长。他上任那日，鲁迅和许寿裳及其兄长许铭伯一起喝酒，日记中写着“甚醉”。蔡元培的辞职，对于教育部官员鲁迅而言，意味着“辛亥”的败亡。翌日，即 1 月 15 日，鲁迅并没有参加教育部成员举行的欢送会。

1 月 17 日，鲁迅做了“美术略论”最后一次演讲。然后是 1 月 19 日，周作人从绍兴来信，告知范爱农的死讯。鲁迅便写下了“悲夫悲夫，君子无终，越之不幸也，于是何几仲辈为群大蠹。”鲁迅离职后，绍兴孔教会的会长傅励臣做了山会师范学堂的监督，革命后成立的自由党绍兴支部头目何几仲势力壮大，夺了范爱农的学监一职。鲁迅在北上前曾回过家乡，那时他收到一封来自杭州的书信，信中写道：“听说南京一切措施与绍杭鲁卫，如此世界，实何生为，盖吾辈生成傲骨，未能随波逐流，唯死而已，端无生理。”鲁迅北上后又多次收到范爱农的书信。信中言辞悲痛之余，同时拜托鲁迅帮他另谋职业。然而，在袁世凯统治下的北京，鲁迅自身尚且难保，更何况帮范爱农求职。

7 月 20 日傍晚，几人在绍兴出身的财政部参事陈公猛家中，为即将前往德国的蔡元培举行欢送会。这次聚会规模很小，仅有许寿裳、蔡克清（蔡元培的堂兄弟）、鲁迅等几人参加。这一日，北京下了大雨。鲁迅当夜回到绍兴会馆后，作了三首律诗悼念范爱农，题为《哀范君三章》，又名《哭范爱农》。

（一）

风雨飘摇日，
余怀范爱农。
华颠萎寥落，
白眼看鸡虫。
世味秋荼苦，
人间直道穷。
奈何三月别，
遽尔失畸躬！

当二人留学归来在绍兴重逢时，情不自禁浮现在脸上的是自嘲和悲哀的笑。本是个人特征的长发，已发白得令人注目，但他那仿佛藐视别人的白眼却没有改变。兴许他曾用那双白眼傲然地看着何几仲，像是在看一只鸡或虫。（几仲与鸡虫同音）他因此被迫辞职，衣食穷困。难道正直的人无法活在这个世上吗？

（二）

海草国门碧，
多年老异乡。
狐狸方去穴，
桃偶已登场。
故里寒云恶，
炎天凛夜长。
独沉清冷水，
能否涤愁肠？

二人常常碰面，对饮时说些会被母亲哂笑的傻话打发时间。好不容易迎来了革命，立即不再饮酒，转而为工作拼命。原以为狐狸们退场后，新人的世界便会来临，然而随后登场的却是一群桃木制成的木偶。第四句中的“桃偶”有两种说法，一说是指袁世凯，另一说是指王金发。不过，由于何几仲是自由党绍兴支部的头目，而自由党（鲁迅后来在小说《阿Q正传》中写过）的党徽是一个银桃子，因此我认为“桃偶”一词是指以何几仲为首的一个群体，包括辛亥革命后新出现的所有掌权者。他们的出现，让范爱农又变回了革命前的范爱农。根据后来的传闻，范爱农和朋友们乘船去看社戏，他是在回来的路上落入河中死的。“已过夜半，又是大风雨，他醉着，却偏要到船舷上去小解。大家劝阻他，也不听，自己说是不会掉下去的。但他掉下去了，虽然能浮水，却从此不起来。第二天打捞尸体，是在菱荡里找到的，直立着。”（《范爱农》，1926）

（三）

把酒论当世，
先生小酒人。
大圜犹酩酊，
微醉自沉沦。
此别成终古，
从兹绝绪言。
故人云散尽，
我亦等轻尘！

鲁迅猜想，莫非范爱农是自杀？据传，范爱农总说鲁迅很快就会发电报邀请他。

鲁迅的寂寞一日比一日深重，从此以后，范爱农的身影一直都活在鲁迅心中。在鲁迅后来的小说《在酒楼上》（1924）和《孤独者》中，我们能看到投射在主人公身上的范爱农的浓重身影。

1913年3月，袁世凯暗杀了革命派组织国民党的领袖宋教仁，镇压孙文等人发起的“二次革命”，其后于同年10月又迫使国会让他正式就任大总统，进而解散国会，实行法西斯独裁体制。“北京城里，连饭店客栈中，都满布了侦探；还有‘军政执法处’，只见受了嫌疑而被捕的青年送进去，却不见他们活着走出来；《政府公报》上，是天天看见党人（国民党）脱党的广告，说是先前为友人所拉，误入该党，现在自知迷谬，从此脱离，要洗心革面的做好人了。”（《〈杀错了人〉异议》，1933）1915年6月，连此前的绍兴都督王金发都在杭州军事监狱遭人枪杀。据说是章介眉指使的，他到了北京，在袁世凯手下的陆海军统帅办事处做秘书。全国各地都成立了孔教会，康有为提倡将孔教作为国教。孔子祭复兴后，鲁迅作为一名教育部官员，不得不出席在昔日王朝时代最高学府国子监举行的上个时代的仪式。

鲁迅在教育部任职的15年里，教育部总共换了34位教育总长，更换次数为42次。虽然置身于令人眼花缭乱的轮换之中，但鲁迅参与了一系列留传后世的重要事业，包括历史博物馆的开设、京师图书馆（即后来的北京图书馆）的迁移、将热河文津阁藏本的《四库全书》转移至京师图书馆保管、通俗图书馆的设立，等等。朱希祖、许寿裳、鲁迅等教育部官员为制定中国的表音符号——“注音字母”而殚精竭虑，他们都是章炳麟的昔日门生。

1916年5月，鲁迅搬到绍兴会馆的补树书屋。对于此时的生活，鲁迅后来是如此描述的。

> S会馆［绍兴会馆］里有三间屋［补树书屋］，相传是往昔曾在院子里的槐树上缢死过一个女人的，现在槐树已经高不可攀了，而这屋还没有人住；许多年，我便寓在这屋里钞古碑。客中少有人来，古碑中也遇不到什么问题和主义，而我的生命却居然暗暗的消去了，这也就是我惟一的愿望。夏夜，蚊子多了，便摇着蒲扇坐在槐树下，从密叶缝里看那一点一点的青天，晚出的槐蚕又每每冰冷的落在头颈上。（《〈呐喊〉自序》）

辛亥革命后的变迁令鲁迅认识到，自己绝不是振臂一呼应者云集的英雄。这种日复一日长大、如毒蛇一般缠住自己灵魂、挥之不去的感情，鲁迅将其命名为“寂寞”。话说起来，自《新生》流产、《域外小说集》的销售惨淡以后，这种感情便萦绕在他心中，逐渐长大，终成寂寞。“凡有一人的主张，得了赞和，是促其前进的，得了反对，是促其奋斗的，独有叫喊于生人中，而生人并无反应，既非赞同，也无反对，如置身毫无边际的荒原，无可措手的了，这是怎样的悲哀呵……”（同上）“寂寞”之名，正是对这种悲哀的确认。

这种寂寞过于令人痛苦，因此鲁迅不得不尝试用各种方法麻痹自己的灵魂。于是，他埋首于古籍的辑录、校勘，金石文、画像石、砖画拓本的收集、誊抄，佛教经典的研究。以佛教经典的研究为例，鲁迅由此了解了中国儒释道三教合一的真实状况，即佛教与道教融合产生了中国独特的生死观，而这种生死观又从根本上支撑着儒教追求的礼教秩序。这些工作的意义非常重大，它不仅进一步为鲁迅的小说史研究提供了各式各样的关键材料，还成为鲁迅探究“国民性”，从事思想史、文学史、文字史研究的宝贵基石。不过，对当时的鲁迅而言，这些工作首先是为了蒙蔽袁世凯耳目的韬晦之策，也是医治失望与寂寞的药酒。

1915 年，袁世凯开始明目张胆地表露自己想当皇帝的野心。

为了实现他的专制君主梦，杨度、严复、孙毓筠、胡瑛、李燮和、刘师培六人组建了“筹安会”，与袁世凯手下成立的“全国请愿联合会”相互呼应，积极开展活动。严复自不待言，是《天演论》的作者。他之所以做出这样的选择，是出于对中国国民主体力量挥之不尽的不信任。杨度和严复本是立宪派，孙毓筠、胡瑛、李燮原是同盟会的成员。刘师培是昔日的同盟会成员，也是以《国粹学报》为阵地的民族主义者，后来提倡无政府主义，被收买后背叛了革命派。他也曾担任《河南》杂志的编辑，该杂志刊发了《摩罗诗力说》等鲁迅留学时期的评论。于是，1916年1月，袁世凯登上帝位，下令改元为“中华帝国洪宪”。然而，即便是已经奄奄一息的中华民国，也没有丧失抗击袁世凯君主专制的生命力，各地的讨袁护国军举兵而起（“护国运动”）。1916年6月，放弃君主专制的袁世凯在失意中死去。此后，中国进入了军阀时代。以袁世凯扶植的北洋军阀的军人们为中心，各地军阀在列强的支持下各自割据，接连混战。

元旦过后，1917年1月22日，鲁迅在日记中写道：“旧历除夕也，夜独坐录碑，殊无换岁之感。”

《新青年》

1914年，欧洲爆发了第一次世界大战，在给中国带来沉重民族危机的同时，也造就了前所未有的新鲜萌芽。一方面，参加大战的日本打败了在山东省的德军，趁列强忙于欧洲战线的可乘之机，强迫中国接受包括让渡德国原有在华利益在内的全面侵略中国的《二十一条》，并在1915年发出最后通牒。然而，面对日本的威吓，袁世凯并不是单纯地迫于无奈才接受这些要求。虽然日本的苛刻要求远超袁世凯的预料，但为了实现自己的专制君主梦，日本的支持必不可少。因此尽管他采取了相应的手段拖延了谈判，但这仍旧是无耻的卖国行为。

另一方面，随着列强暂时放松压迫，中国民族产业呈现出急速发展的态势，在形成民族资产阶级的同时，工人阶级也获得了显著成长，加之现代学校教育的普及，新的知识青年诞生，形成了一个强有力的社会阶层。

1915 年 9 月《青年杂志》(一年后更名为《新青年》) 的创刊，正处于这样一个时代。杂志的创办者陈独秀原本也是一位革命派知识分子，因辛亥革命的挫折而深受打击。他在 1914 年流亡日本期间写作的文章，充斥着悲观、厌世的情调，他写道："国人唯一之希望，外人之分割耳"(《生机（致〈甲寅杂志〉记者）》)。不过，原本具备优异组织能力的陈独秀，最终克服了自己的悲观厌世，他告诉青年们，一味叹息并非救赎，与其坐以待毙，不如奋起自救与救人，呼吁他们要有身为青年的自觉与奋斗。

当陈独秀认识到"政治革命"的失败时，他深切感到有必要从根本上重新审视每一个国民作为一个人的状况（"国民性"），他提出"伦理的觉悟"是"吾人最后之觉悟"，提倡"思想革命"（"伦理革命"）。其后，易百沙（《孔子评议》）、陈独秀（《孔子之道与现代生活》）、吴虞（《家族制度为专制主义之根据论》）等人对儒教伦理和家族制度展开批判。欧美文学的翻译、介绍从一开始便受到重视，1917 年，彼时正留学美国的胡适发表了《文学改良刍议》(刍议，意为拙见），主张用全新的口语文学代替传统的文言文学。受其启发，陈独秀撰写了《文学革命论》，提倡“平易的抒情的国民文学”“新鲜的立诚的写实文学”“明了的通俗的社会文学”。“思想革命”和“文学革命”正是《新青年》的两大核心主题。

为了照亮当时中国的黑暗，《新青年》引进了现代欧洲的思想、文学、科学，对旧有的思想、伦理、文学展开审判。正如陈独秀本人后来在回应批判者时所说，早期《新青年》的思想可以概括为“民主（democrcy）”和“科学（science）”（《本志罪案之答辩书》，1919），总体基调是全面否定传统，特征是效仿欧洲的“全面洋化”论。这种思想就像樟脑一样，给沉默的知识分子带来了猛烈的刺激。据说，《新青年》的发行数量都是以1000册起步的，仅1917年就达到15000至16000册。

袁世凯死后，蔡元培回国担任北京大学的校长。他在上任后力图革新科举时代遗留下来的腐败校风。面对将大学视为“升官发财”之手段的学生们，蔡元培不但为大学制定了“学术之府”的明确目标，还煞费苦心地充实师资队伍，改善学校设施。依据“大学须循思想自由原则，取兼容并包主义”的思路，蔡元培聘请了许多新教授，并于1917年1月聘请陈独秀任北大文科学长。胡适、钱玄同、李大钊、刘半农等《新青年》的作者们先后到北大赴任。辜鸿铭、刘师培、黄侃等守旧派和李石曾、吴稚晖等无政府主义者也加入教员的队伍。陈独秀到北大就任后,《新青年》的编辑部也一同迁至北京。

同年4月，担任北京大学教授的周作人也到了北京，住进补树书屋。7月1日，安徽督军张勋在北京发动兵变，解散国会，拥立溥仪（宣统帝），宣布清朝复兴（“张勋复辟”）。张勋是一个顽固的守旧派，其麾下部队中很多人都留着辫子，因此被称为“辫子军”，他与借《不忍杂志》长期批判共和制的康有为等人联手策划了此次兵变。

7月3日，鲁迅从教育部辞职，抗议“复辟”。7月7日，为躲避兵变，他搬到城中的一家旅馆。7月14日，张勋的军队因国务院总理段祺瑞的反击而兵败，鲁迅才返回绍兴会馆，并到教育部复职。

“复辟”再一次给知识分子们带来极大冲击。同年8月发行的《新青年》杂志，开篇就刊载了陈独秀的《复辟与尊孔》一文，强调孔教与共和水火不容，只要孔教能得人心，“复辟”就会卷土重来。此时,《新青年》的同人钱玄同开始频繁拜访鲁迅的补树书屋。二人在留学时是一起跟随章炳麟学习的伙伴。钱玄同常傍晚来访，与鲁迅一块儿吃晚饭，深夜才离去。与钱玄同的议论，引导着一直绝望缠身的鲁迅重新开始写作。

“你钞了这些有什么用？”有一夜，他翻着我那古碑的钞本，发了研究的质问了。

“没有什么用。”

“那么，你钞他是什么意思呢？”

“没有什么意思。”

“我想，你可以做点文章……”

我懂得他的意思了，他们正办《新青年》，然而那时仿佛不特没有人来赞同，并且也还没有人来反对，我想，他们许是感到寂寞了，但是说：

“假如一间铁屋子，是绝无窗户而万难破毁的，里面有许多熟睡的人们，不久都要闷死了，然而是从昏睡入死灭，并不感到就死的悲哀。现在你大嚷起来，惊起了较为清醒的几个人，使这不幸的少数者来受无可挽救的临终的苦楚，你倒以为对得起他们么？”

“然而几个人既然起来，你不能说决没有毁坏这铁屋的希望。”

是的，我虽然自有我的确信，然而说到希望，却是不能抹杀的，因为希望是在于将来，决不能以我之必无的证明，来折服了他之所谓可有，于是我终于答应他也做文章了，这便是最初的一篇《狂人日记》。……

在我自己，本以为现在是已经并非一个切迫而不能已于言的人了，但或者也还未能忘怀于当日自己的寂寞的悲哀罢，所以有时候仍不免呐喊几声，聊以慰藉那在寂寞里奔驰的猛士，使他不惮于前驱。(《〈呐喊〉自序》)

这篇文章表明，鲁迅在着手写作《狂人日记》时，已经丧失了留学时那种拜伦式的热情，没有了面对奴隶时的哀其不幸、怒其不争，而是对少数觉醒者因觉醒而遭受的痛苦顾虑重重。辛亥革命的挫折、二次革命的失败、袁世凯的君主专制、张勋复辟等一连串事件，以及大量牺牲者为此流的血，让鲁迅变得充满怀疑和悲观。那么，这样的鲁迅为何要参加《新青年》的运动呢？他从两方面说明了自己的动机：一是同情那些在“寂寞”的折磨中奔驰的战士们，自己同样也受过“寂寞”之苦；二是对于战士们所说的“希望”，暂时搁置了自己坚持的否定态度。但是，这番话是否如实地表达了鲁迅在1918年的心境呢？《〈呐喊〉自序》的这一段，反映的是鲁迅写作时（1922）的心境，它会不会与实际状况存在微妙的差异呢？发生在鲁迅与钱玄同两人之间的问答或许与自序相符。但是，只要对照《狂人日记》的内容就一定会发现，鲁迅在某些地方，尤其是关键之处的态度与自序中的说法有所不同。让我们通过鲁迅 1919 年写的一篇文章来思考这个问题。

1918 年 5 月，《新青年》第四卷第五号刊载了《狂人日记》，这是中国新文学史上值得纪念的一期杂志。除《狂人日记》外，该号还刊载了周作人的文章《读武者小路君所作〈一个青年的梦〉》。武者小路实笃的《一个青年的梦》，是创作于第一次世界大战期间的反战戏剧。周作人对该剧的介绍是，“日本从来也称好战的国家……日本思想言论界上，人道主义的倾向，日渐加多；……虽然尚是极少的少数，还被那多数国家主义的人所妨碍，未能发展；但是将来大有希望。武者小路君是这派中的一个健者，《一个青年的梦》便是新日本的非战论的代表。”鲁迅通过周作人的文章得知这部戏剧，自己读过剧本后很受感动。不久之后，也就是 1919 年 8 月，鲁迅开始在《国民公报》上连载这部戏剧的剧本译文。正如下文会提到的，五四运动之后，当时中国人的反日情绪愈发高涨，但鲁迅为了“医许多中国旧思想上的痼疾［老毛病］”(《〈一个青年的梦〉译者序二》，1919 年 11 月)，特意翻译了这部作品。我们来看一看题为《〈一个青年的梦〉译者序》

（1919 年 8 月）的这篇文章。

鲁迅首先提出，武者小路实笃的意见——“人人都是人类的相待，不是国家的相待，才得永久和平，但非从民众觉醒不可”——是正确的。现在国家这个东西虽然依旧存在，但人的真性却日复一日地愈发流露。欧洲战争中的士兵们，犹如竞走一般，走时是竞争者，走完了便是朋友。然而在中国，运动会总是以打架收尾。国内南北之间，省道府县之间相互仇视。如果中国有战前德国一半的强悍，那么中国人的国民性不知会是何种状况。有人早早给日本人敲响了警钟，无论如何是他们的幸福。

然而，即便鲁迅心里这么想，很快也不得不犹豫起来。鲁迅为什么会提笔呢？其后的一段话阐述了他当时的内心波动。

“昨日下午，孙伏园对我说，‘可以做点东西。’我说，‘文章是做不出了。《一个青年的梦》却很可以翻译。但当这时候，不很相宜，两面正在交恶，怕未必有人高兴看。’晚上点了灯，看见书脊上的金字，想起日间的话，忽然对于自己的根性有点怀疑，觉得恐怖，觉得羞耻。人不该这样做，——我便动手翻译了。

武者小路氏的《新村杂感》说，‘家里有火的人呵，不要将火在隐僻处搁着，放在我们能见的地方，并且通知说，这里也有你们的兄弟。’他们在大风雨中，擎出了火把，我却想用黑幔去遮盖他，在睡着的人的面前讨好么?”

如下文所述，《狂人日记》本身就表明了引导鲁迅脱离沉寂的东西，与这篇译者序中呈现的心理过程十分接近。第一次世界大战前后，民主主义和人道主义席卷全球。日本的“大正民主”和“白桦派”的文学运动均与这一潮流有关。实际上，《新青年》与这种世界浪潮也不无关联。《一个青年的梦》发表时，小牧近江正在法国参加“光明运动”，该运动由巴尔塞等人发起，以和平与人类解放为目标。小牧近江读了剧本十分感动，归国后到日向的“新村”拜访武者小路实笃。众所周知，后来的“播种人”运动就是由此而来。仅从这部作品，我们就能看出当时跨越海洋、彼此呼应的人道主义交流。

可以说，冲击鲁迅内心的是一种耻辱意识，为了自己对铁屋中的沉睡者们置之不顾而耻辱，为了自己与沉睡者们一同保持沉默而耻辱。有人在暴风雨中举起火把，高声呐喊，这群人的存在照见了这种耻辱意识，它反复侵袭着鲁迅，暂且唤醒了作家鲁迅。

《狂人日记》

《狂人日记》写于1918年4月，发表于《新青年》第四卷第五号（1918年5月）。“鲁迅”是他在这部作品中首次使用的笔名，由其母亲的姓氏“鲁”字与留学时期的笔名之一——“迅行”的“迅”字组成，包含了“鲁钝而迅速”的意味。

小说采用日记体，是一名被害妄想症患者写作的没有日期的日记。第一节以一句“今天晚上，很好的月光”开头，既标志着疯狂的开始，也开启了一种觉醒的记录。在13节的篇幅结构中，狂人的言行与作者鲁迅的民族观及自我意识相互重合，最终构成一个重大的发现与决心。

一开始，狂人纠结于人们异样的眼色。那是“似乎怕我，似乎想害我”的眼色。不仅是村里的乡绅赵贵翁，还有路上遇到的人们，甚至连孩子们也是同样的眼色。话说起来，狼子村的佃户来到村里说过，他们村里杀恶人时，几个人挖出他的心肝炒了吃。“我”插了一句嘴，佃户和大哥狠狠地瞪了“我”一眼。仔细想想他们也是一模一样的眼光。“我”全身毛骨悚然了。凡事必须研究。一查史书，歪歪斜斜到处写着“仁义道德”。“我”横竖睡不着。仔细看到半夜，才看到每一页的字里行间都是“吃人”二字。没错，他们是吃人的。“我”也是人。他们可能要吃“我”了。然而，狂人发现自己的哥哥正是要吃自己的人的同伙。“我”是吃人的人的兄弟。就算“我”自己被吃掉了，也消灭不了“我”是吃人之人的兄弟这一事实。可怜的是“我”的哥哥。明明是人，难道不害怕吗？而且竟合起伙来要吃“我”。“我”诅咒吃人的人，先从哥哥开始。要劝吃人的人，也从哥哥开始。

如上，《狂人日记》的前半部分追溯了狂人发狂的心理过程，从对莫名其妙的眼神感到疑惑，到发现“吃人”的历史，再到发现哥哥是“吃人”的 份子，进而采取“劝说”的行动。

在试图“劝说”的狂人面前，整个社会呈现出这样的图景。

> 自己想吃人，又怕被别人吃，都用着疑心极深的眼光，

面面相觑。……

去了这心思，放心做事走路吃饭睡觉，何等舒服。这只是一条门槛，一个关头。他们可是父子兄弟夫妇朋友师生仇敌和各不相识的人，都结成一伙，互相劝勉，互相牵掣，死也不肯跨过这一步。

所谓“人吃人”是一种象征。或许只要人世间牺牲他人、损人利己的现象继续存在，那么它作为一种普遍的象征就不会丧失生命力。不过，不容忽视的是，中国的“吃人”有许多是活生生的真实例子。相传春秋时代，宋国的都城被楚国大军围困，城内民众为饥饿所苦，于是易子而食。同样是在春秋时代，齐桓公说自己“惟蒸婴儿之未尝”，于是他的厨师易牙便蒸了自己的孩子献给齐桓公。这两个例子在《狂人日记》中均有提及，分别见于《春秋左氏传》和《管子》。在其后的史书上，这类记载也屡见不鲜。不仅如此，自从唐朝的陈藏器在他的《本草拾遗》中加了人肉作为药材，便开始出现“割股”的举动——割下自己大腿上的肉作为药材让患病的父母食用，历代朝廷还将其视为孝顺的表现而加以表彰。这是一种顽固的陋习，甚至在 1915 年的报纸上，还能看到女儿为病重的母亲献出自己的大腿肉，结果母亲病情突然恶化的新闻报道。对鲁迅而言，徐锡麟的心脏被恩铭手下的士兵吃掉，是一件他无法忘却的事情。

这部作品发表时的意图，正如鲁迅后来所说，是“暴露家族制度和礼教的弊害”(《〈中国新文学大系〉小说二集序》，1935)。对当时的读者而言，这一意图几乎是显而易见的。在《新青年》杂志上积极开展儒教批判的吴虞读过《狂人日记》后，写了一篇《吃人与礼教》(1919)，从史书上择取了各种“吃人”的记载，指出“吃人者”几乎都是“礼教”的捍卫者。吴虞试图用历史事实证明，那些喜欢满口“仁义道德”的人们才是容易“吃人”的人。尽管吴虞的评论无视了“吃人”的象征意义，略显粗暴，但是凌驾于每个人意志之上的“人吃人”的场景，是鲁迅对旧中国社会的整体印象，与“家族制度”和“礼教”(“名教”)在这个社会上具有的整体意义彼此呼应。《狂人日记》之后，鲁迅又写了评论《我之节烈观》(1918)，其中有这样一段。

> 社会上多数古人模模糊糊传下来的道理，实在无理可讲；能用历史和数目的力量，挤死不合意的人。这一类无主名无意识的杀人团里，古来不晓得死了多少人物；节烈的女子，也就死在这里。

在旧中国社会，“孝”被强调为支撑人类行为最基本的道德。“孝”是基于子女对父母的敬爱之情而做出的行为，子女不但要在父母的有生之年尽孝，还要定期祭拜死去的先祖之灵。一个个家庭构成父权家长制大家族，进而构成祭拜同一个祖先的祭祀共同体。正如《孟子》过去所言“不孝有三，无后为大”(《孟子·离娄上》)，旧中国社会中人们最恐惧的就是，作为祭祀主持者的男性后嗣断绝。故此，一般认为男性娶妻的目的是延续家族血脉、维持先祖祭祀不断绝，以及侍奉父母。在婚姻中，“父母之命，媒妁之言”之所以被视为金科玉律，自由恋爱之所以被当作荒谬绝伦，是因为婚姻最重要的目的并非是为了当事人的幸福，而是为了家族共同体的永存。如果一个妻子没有生下男孩，丈夫就可以理所当然地纳妾。道教的观念认为，断绝祭祀的灵魂会在阴间永受饥饿之苦。这种观念进一步强化了对婚姻的这种看法。

通过拟制天子是“百姓之父母”，中国的政治制度将原本属于家庭道德的“孝”装扮成一种普遍的社会道德。《孝经》中将臣对君、子对父、妇对夫的服从称为“三纲”，将父子有亲、君臣有义、夫妇有别、长幼有序、朋友有信称为“五伦”，它以三纲五伦为中心，制造从上到下的秩序规范——“礼教”。通过将

“孝”普遍化，为以皇帝为顶点的王朝国家建构道德上的支撑。在名为孝廉的制度中，孝子会被选拔为官吏。另一方面，“五刑之属三千，而罪莫大于不孝”(《孝经》)，弑杀父母者会被处于视同谋逆的刑罚。在民间，绘图本《二十四孝》被用作幼儿的启蒙读物。上文提过，鲁迅幼年读到《郭巨埋儿》时，因害怕而胆战心惊。

“礼教”对女性尤为苛刻。自古以来的观念认为，倘若没有父系血缘的人参与先祖祭拜，祭祀本身就无法成立，因此妻子的通奸行为会受到严厉的惩罚。从宋代开始，就兴起了将女性再婚视为丧失贞节而加以谴责的风潮，到明清时期则转化为士大夫阶级强大的贞节观念（“一女不侍二夫”）。“节烈”的“节”是指丈夫死后不再婚，终生守持贞节。“烈”，一是指丈夫死后一同殉死；二是指当贞操遭遇暴力夺取时，要么自杀，要么奋力反抗被杀。对未婚妻的要求亦是如此。历代朝廷都会对这种“节烈”加以表彰（“旌表”），建设祠堂和牌坊（类似鸟居的装饰性建筑物），给予经济上的优惠。“饿死事小，失节事大”（宋代程颐《河南程氏遗书》），这句话常被用来谴责再婚女性，而再婚女性会被前夫的鬼魂缠身而下地狱的传说更强化了这一观念。

即便到了民国，1914 年袁世凯制定的《褒赏条例》仍在继续表彰“节烈”。鲁迅的《我之节烈观》一文动之以情、晓之以理地阐明“节烈”是何等艰难痛苦且违背个人意愿的行为；是不利于自己和他人、无益于国家社会、毫无意义的行为。鲁迅假托狂人告发的，正是这种“礼教”秩序。

狂人试图从哥哥开始劝说，他对哥哥这样说道。

> 大哥，大约当初野蛮的人，都吃过一点人。后来因为心思不同，有的不吃人了，一味要好，便变了人，变了真的人。有的却还吃，——也同虫子一样，有的变了鱼鸟猴子，一直变到了人。有的不要好，至今还是虫子。这吃人的人比不吃人的人，何等惭愧。怕比虫子的惭愧猴子，还差得很远很远。

起初只是冷笑的大哥，立即变得目光凶狠，大声叱责门外窥探的村民们：“都出去！疯子有什么好看的！”在类似易卜生《人民公敌》的俗众与天才的构图之中，狂人向村民们这样呼吁道：

> “你们可以改了，从真心改起！要晓得将来容不得吃人的人，活在世上。”
>
> “你们要不改，自己也会吃尽。即使生得多，也会给真的

人除灭了，同猎人打完狼子一样！——同虫子一样！”

在狂人的世界观中，“吃人的人”和不吃人的“真的人”二者之间彼此对立，“吃人的人”是将被进化淘汰的罪恶、可耻的存在，因此会被“真的人”消灭殆尽，就像狼被猎人杀死一样。我们可以从中看到赫胥黎的伦理进化论，虽然这是一个疯子的版本，但它与鲁迅在东京形成的进化论有显著的差异。在《我们现在怎样做父亲》(1919)这一评论中，没有读过“圣贤书”的人们能够在“名教的斧钺”下钻空子，展露他们的“天性”(“爱”)，鲁迅认为这是中国尽管凋敝但仍未灭绝的原因。可见，虽然“朴素之民”的意象作为鲁迅留学时的思想基础并未丧失生命力，但试图依靠中国民族固有的内在力量否定欧洲的“兽性”，在全世界建立崭新“人类秩序”的昔日愿景早已崩塌。

毋宁说，此处的“真的人”从外部照见了中国民族的“兽性”。十年的岁月，让鲁迅再一次认识到中国民族深陷的沉重“种业”。与此同时，在第一次世界大战的发展和战争中，俄国革命的诞生引起了鲁迅的注意，它展现了民主主义与人道主义的崭新世界潮流，让鲁迅看到欧洲在面对长久难以摈弃的邪恶“兽性”时尝试自我克服的姿态。如此一来，“优者”与“劣者”之间便失去了以往的对立逻辑，最终被还原为“真的人”对“吃人的人”的“自然淘汰”。狂人高呼，没有其他的幸存之法，唯有意识到自己的耻辱性状态是一种耻辱，并将这份觉悟转化成进化的力量，最终才能变成“真的人”。

不过，与迦尔洵的《红花》（1883）相比，两部作品的差异在于，《红花》描述了一个狂人赌上性命也要摘取那朵象征世间之恶的红色罂粟花，而在《狂人日记》中，狂人拼命呼吁悔改后发现了一个令人震惊的事实。狂人反省的时间迅速到来。妹妹的死，肯定也被哥哥吃了。母亲知道了却什么都没有说，大概觉得是理所应当的吧。然而，母亲哭得那样惨烈。究竟是怎么回事呢？

> 不能想了。
>
> 四千年来吃人的地方，今天才明白，我也在其中混了多年；大哥正管着家务，妹妹恰恰死了，他未必不和在饭菜里，暗暗给我们吃。
>
> 我未必无意之中，不吃了我妹子的几片肉，现在也轮到我自己，……
>
> 有了四千年吃人履历的我，当初虽然不知道，现在明白，难见真的人！

没有吃过人的孩子，或者还有？

救救孩子……

反省之后，狂人得到了一个令自己备受打击的发现，原来自己也捆绑在“吃人”的链条之中。当狂人发现自己绝无可能摆脱民族的陋习，因此从根本上切身感受到围困自己与他人的深沉黑暗，并将同胞的耻辱转化为自身的耻辱。母亲的恸哭，是一个意识到这黑暗难以避免的人在恸哭。末尾那一句“救救孩子”，是狂人不愿尚未犯罪的天真孩子们又陷入自己犯下的罪孽，期盼将他们从充溢痛苦的“吃人”关系网中解救出来。对狂人而言，这既是悔过自新，也是摆脱耻辱的方法。

《狂人日记》的这个结尾，究竟包含鲁迅的何种自我认识？鲁迅在《〈呐喊〉自序》中写道，归国后悲哀与寂寞的经验“使我反省，看见自己了”。这些反省终于让他意识到一些问题的重要性，而其中之一是他自己的婚姻问题。

可以想象，鲁迅回国后，即便是在绍兴，也和在杭州、南京和北京一样过着独身生活，他拒绝与妻子朱安共度普通的婚姻生活，而是把她放在母亲身边。他之所以没有选择离婚，或许是考虑到当时女性离婚后的生活必定极其悲惨。然而，当中国迎来一个必须从根本上重新审视个人伦理现状的崭新时代，不合理的婚姻生活必然会开始逐渐给他带来困扰。当鲁迅重新开始执笔时，他不得不确立一个基本的态度，即尽可能合理地对待自己不合理的婚姻生活。一位在婚姻中服从父母之命的青年，在诗歌中抒发自己不知爱情为何物的忧伤，《随感录四十》（1919）一文便是鲁迅对这首诗的回应，也可以理解为鲁迅对自己选择的态度所作的说明。

> 可是魔鬼手上，终有漏光的处所，掩不住光明；人之子醒了；他知道了人类间应有爱情；知道了从前一班少的老的所犯的罪恶［无爱的婚姻导致嫖娼和纳妾］；于是起了苦闷，张口发出这叫声。
>
> 但在女性一方面，本来也没有罪，现在是做了旧习惯的牺牲。我们既然自觉着人类的道德，良心上不肯犯他们少的老的的罪，又不能责备异性，也只好陪着做一世牺牲，完结了四千年的旧账。
>
> 做一世的牺牲，是万分可怕的事；但血液究竟干净，声音究竟醒而且真。
>
> ……

旧账如何勾消？我说，“完全解放了我们的孩子！”

在宣扬以“爱”代替“恩”的同时，鲁迅不得不承受自己身边没有“爱”的悲哀。这篇文章表明了鲁迅的思想立场——一方面避免与朱安之间没有爱情的结合，一方面要保障她的生活，同时不寻求爱人，通过相当于一辈子独身的生活，尽心竭力地建设一个后来者不必品尝同样痛苦的社会。这种从婚姻中发现个人罪孽与耻辱的体验，使鲁迅选择了一种基本态度——将世代笼罩在他们身上的黑暗遏止在自己这一代，让自己成为未来“新人”的“牺牲”。在其他文章中，鲁迅也表达了同样的态度。

自己背着因袭的重担，肩住了黑暗的闸门，放他们到宽阔光明的地方去……（《我们现在怎样做父亲》）

老的让开道，催促着，奖励着，让他们走去。路上有深渊，便用那个死填平了，他们走去。（《随感录四十九》，1919）

这就是鲁迅的进化论。“放他们到光明的地方去”，是指将他们培养成具有“耐劳作的体力，纯洁高尚的道德，广博自由能容纳新潮流的精神，也就是能在世界新潮流中游泳，不被淹没的力量”的年轻人。（鲁迅写下这篇评论数日后，阅读并翻译了有岛五郎的《与幼小者》。）正如狂人害怕村民们最终会被“真的人”灭绝一样，鲁迅的进化论根植于一种担忧中国民族被灭亡和被彻底奴役的民族危机感之中。而且不得不承认的是，祸根就是自己身体里流淌的旧社会思想、道德和习俗的力量。鲁迅在《我们现在怎样做父亲》一文中同样提到了易卜生的《群鬼》。在《群鬼》中，尽管阿尔文太太思虑周全、殚精竭虑，但遗传自父亲的梅毒依旧侵袭了青年欧士华的大脑，将其变成一个废人。这一情节与鲁迅恐惧的未来图景相互重合。

欧士华	妈妈，你现在必须得帮我（服用吗啡）了。
阿尔文太太	我！
欧士华	除了你，还能有谁？
阿尔文太太	我！我可是你的母亲！
欧士华	正因为你是我母亲！
阿尔文太太	我！你可是我生的呀！
欧士华	我可没求你生下我。再说了，你给我的是一条什么命？我不需要！请你拿回去吧！

鲁迅的进化论，正是以上述这种民族耻辱意识和危机感为支柱。日译版《狂人日记》在文库本中的篇幅不足 20 页，其中凝缩了鲁迅全部的民族认识和自我认识。它不但揭示出中国人 4000 年来凭依的“家族制度”和“礼教”，正是如今束缚众人精神、压抑自由的元凶，而且展现了作家鲁迅在《新青年》致力的思想革命中扮演的重要角色，同时宣示他从留学时的理想破灭中重新振作起来的崭新姿态。

《故乡》前后

在 1918 至 1919 年两年间，鲁迅在《新青年》同人轮番执笔的专栏“随感录”中发表了 27 篇短评文章。这些文章后来被收入杂文集《热风》(1925) 之中。而收录《狂人日记》等作品的鲁迅第一本小说集，则被命名为《呐喊》(1923)。这里的“呐喊”，并不是指我们理解的那种冲锋陷阵的喊声。《三国演义》和《水浒传》中有所谓“摇旗呐喊”的说法，指战争双方的士兵们挥舞旗帜、高声叫喊，为在战场中央交战的军人助威。同样是喊声，鲁迅的“呐喊”是后面那种，这个词形象地阐述了鲁迅对《新青年》的态度。

短篇小说《孔乙己》(1918) 描绘了一个科举总是落榜的万年

童生孔乙已。孔乙已是镇上的酒店里惟一一个穿着长衫、混在工人中站着喝酒的读书人。他出现在酒店时总会成为众人取笑的对象。“孔乙已”，原是书法字帖上的头三个字，也是人们为了嘲弄这个万年童生给他取的绰号。孔乙已遭到嘲弄后总是窘迫无措，一味地说些“之乎者也”的文言词句，愈发引人哄笑。几乎快要沦为乞丐的他，靠替人抄书换碗饭吃，结果却偷了主顾的书籍笔砚，拿去换钱。他最后一次在酒店露面，是他在丁举人家偷东西被打折腿的事情传开后不久。他坐着一个用绳子吊在肩上的蒲包，一路用手爬过来，然后用沾满泥土的手摸出铜钱，痛饮一杯后，又在众人的嘲笑声中用手离去了。

小说《孔乙已》透过在酒店给人温酒的少年的眼睛，以清新的抒情笔调描绘了落魄读书人与民众的形象。虽然该小说的日译版在文库本中是一个仅七页左右的短篇，但作品对即将灭亡者的同情与批判浑然一体，展现出作者非凡的才能。鲁迅用夹杂着幽默的沉痛与悲哀探讨了以下问题：千年来支撑中国政治体制的科举制度如何扭曲了纯洁的人性；读书人的文化和教养对民众的生活而言是多么无用且无关；蔑视劳动的知识分子与没有文化的劳动人民，二者的隔阂对彼此而言是多么不幸。对鲁迅而言，将自己多年来对科举制度的思考转化成作品，是他参加新文化运动后无法回避的一个课题。

小说《药》(1919)描述了革命家夏瑜和茶馆老板的独生子华小栓两人的死亡。为了治好儿子的肺结核，华老栓花光积蓄弄到一个人血馒头，上面蘸着被处死的夏瑜的鲜血。对于聚集在茶馆的人们来说，夏瑜赌上性命的理想只不过是难以理解的疯狂。馒头浸染了被处死的革命家的鲜血，又被民众默默地吃掉。这一情景呈现出横亘在二者之间的隔膜。人血馒头就是这种隔膜的结晶，但又不仅是单纯的结晶。夏瑜为了民众的生命与幸福而流血，而华老栓为了救治患病的儿子买了他的血做“药”。作者将两种意志本应相互交织却无法交织的悲剧性隔膜寄托在这个人血馒头之上。

作品结尾描绘了分别建在一条小道两旁的两个“土馒头”，以及两位母亲扫墓后踏上归途的情景，二人唯一的关联就是她们各自的丧子之痛。通过人血馒头，鲁迅不仅揭示了辛亥革命失败的原因在于革命家与民众的隔膜，而且将这颗寄托着秋瑾（夏瑜这个名字寄寓着秋瑾之名）、徐锡麟等人之意志的无效“药”，送到华小栓们身边，将二者悄悄合葬。

这两部作品都诉说了一个意思——只有埋葬这样的过去，中国民族才会有通往未来的道路。大部分《新青年》同人都在急切地用“新”否定“旧”，而鲁迅从“旧”的内部否定“旧”的方式，的确是颇具个人特色的“呐喊”。通过这些作品，鲁迅不仅为《新青年》致力的文学革命带来实践上的成果，同时也成功地将文学革命与思想革命紧密地结合在一起。或许可以说，虽然鲁迅文学具备的深刻思想性常给他本人带来过于沉重的负担，但他的文学却通过对这一负担的积极继承，得到了锤炼。

1918年11月，第一次世界大战结束。战争期间，约有十八万中国劳工在欧洲战争前线从事运输、挖掘战壕等工作。随着美国总统威尔逊在战争期间发表《十四项和平原则》，以及俄国革命后宣告新政府成立，中国人民对战后国际社会实现民族自觉和民主主义寄予厚望。在北京的庆祝战胜演讲会上，蔡元培将协约国集团的胜利定义为“公理”对强权、光明对黑暗的胜利，李大钊宣称这是“庶民的胜利”。以《新青年》为代表的时代潮流急速发展，1918年12月《每周评论》创刊，1919年1月《新潮》创刊，同年2月《晨报副刊》成功改革。

军阀政府开始逐渐对这些动向心生警惕，《新青年》和北京大学日益处于风口浪尖。为世人带来众多林译小说的“桐城派”古文大师林纾，写作《荆生》和《妖梦》两篇小说，对陈独秀、胡适、钱玄同等人进行人身攻击，并给蔡元培写公开信批判北京大学。他批评蔡元培“覆孔孟，铲伦常”，尽废古书，将“土语”引入学问之府，要追究其作为大学校长的责任。蔡元培不但逐一反驳了林纾的论点，同时强调北京大学以“思想自由”和“兼容并包主义”为原则，击退了责难。即便是在北京大学内部，也有国粹派学者刘师培、黄侃等人创立《国故月刊》。

五四运动的爆发正是在这一时期。为了处理大战的战后事宜，各国联合举行巴黎和会，会议对日本的要求作出妥协，决定将原德国在山东省的权益让渡给日本。中国人民激愤不已，以5月4日北京天安门前3000名学生的示威游行为开端，掀起了民国以来第一次大规模运动。在学生罢课、商店罢市的同时，抵制日货的运动席卷各地，最终在6月3日发展为大规模的上海工人大罢工。尤其是被称为“六三运动”的上海工人运动，一般认为它标志着有组织的工人阶级第一次登上中国历史舞台。作为协约国集团的一员，出席巴黎和会的中国代表在这种舆论压力下，最终拒绝签署《凡尔赛条约》。不过其间种种已将军阀政府的反民族性和列强帝国主义的真实面目暴露在中国人民面前，一部分人终于开始认识到反帝国主义和反封建主义是两个难以分割的课题。

在《新青年》的影响下成长起来的学生群体是五四运动的核心，以五四运动为契机，《新青年》提倡的现代思想在全国得到更大规模的传播。全国各地纷纷成立各种社团和团体，文学革命和思想革命终于化作推动现实前进的动力。然而，大战后出现的国际形势变化及国内民众运动的发展，使《新青年》内部的思想矛盾逐渐暴露出来。当时的《新青年》杂志，在发表小说《孔乙己》的第六卷第四号（4 月）上刊载了胡适撰写的《实验主义》一文，系统介绍了实用主义；而在登载小说《药》的第六卷第五号（5 月）上又刊登了李大钊的文章《我的马克思主义观》，它被公认是早期将马克思主义介绍到中国的重要论文。同年 6 月，陈独秀在散发反政府传单时被逮捕入狱。与此同时，胡适和李大钊之间发生“问题与主义”论争。胡适从实用主义的立场出发，主张“多研究些问题，少谈些主义”，反对宣扬“主义”，试图将社会问题的解决分解为对个别具体“问题”的解决。与此相对的，李大钊认为如果没有“根本解决”，那么个别具体的问题也不可能解决，必须发动基于共同理想的社会运动。此次论争事件，让人第一次意识到《新青年》同人之间存在难以避免的对立。也正是在这个时候，鲁迅开始翻译《一个青年的梦》，这一点前文已涉及。

这年年末，鲁迅的生活发生了巨大的变化。他不得不卖掉绍兴新台门的宅子，将母亲接到北京，开始三兄弟同住的生活。鲁迅买下了北京八道湾胡同的住宅。据说为了让周作人、周建人的孩子们能自由玩耍，鲁迅专门挑选了一座庭院广阔的幽静宅邸。

12 月 1 日，为了处置绍兴的宅子，迎接母亲、妻子朱安、周建人及其家人，鲁迅从北京出发。到达绍兴时已是 12 月 4 日。周家三台门之中，过桥台门已经变卖。即便是在兴、立、诚、礼、义、信六房共有的新台门，各房各自的生活也陷入窘困，继过桥台门之后也到了变卖的境地。鲁迅到达时，周家已宛如连夜逃窜一般销声匿迹。庭院里的花木盆栽一类都经周建人之手送人了，但唯独鲁迅从日本带回的栀子还留着。鲁迅将它赠给了喜欢花木的表弟。

日子匆匆忙忙地度过，收拾行李，接待旧识与友人的来访，拜访亲戚熟人，参加周氏宗族会议并在售卖宅子的契约书上署名，上坟扫墓……章运水和他的儿子启生一块儿来帮忙。章运水，曾在周家做过“忙月”的章福庆的儿子，是鲁迅的幼时玩伴。二人初次见面是在 26 年前正月祭祖的时候，之后常常相互往来，章运水成年后接替父亲在海边的村里干农活。昔日的小英雄曾凭借在台门生活的少年无从得知的丰富知识和体验让鲁迅备受感动，如今却已憔悴得面目全非，深深的皱纹刻在脸上，双手骨节凸起，像松树皮一般开裂。后来，鲁迅围绕这次遭遇写作了短篇小说《故乡》(1921)。

12 月 24 日午后，鲁迅一行人分别乘坐两艘船从绍兴出发。

自此以后，鲁迅再没有踏足过绍兴的土地。在北京的八道湾，三兄弟的三个家庭开始了以母亲为中心的同居生活。虽然鲁迅和朱安之间还是老样子，但三代同堂的生活是母亲多年来的夙愿，对身为一家之长的鲁迅而言，自己渴望已久的生活也终于得以实现。

翌年（1920）年初，随着陈独秀出走上海，《新青年》的编辑工作也转移到上海去了。陈独秀、李大钊等人吸取五四运动的新经验，更加坚定了强调以民众运动改造社会的马克思主义立场。相比之下，胡适对这种新的经验则抱持否定的态度，加之“研究问题”的立场，他开始提出“整理国故”的主张。对固有文化进行现代科学研究，虽然乍看之下是合理的主张，但在当时的时代语境中，相当于要求知识青年们不再参加运动，回到研究室的古籍当中。中国现代历史的激流与中国现代学术存立之间的难题就在于此。同年 12 月，北京政府禁止邮局销售《新青年》杂志，同人内部的矛盾对立更加显著，同人们围绕杂志的生存和编辑方针你来我往，几经论争，加深了《新青年》的裂痕。

鲁迅的小说《风波》(1920)、《故乡》就是在这样不安定的时期写成，它们成了此时支撑《新青年》版面的宝贵作品。鲁迅此次归乡目睹了军阀统治下的农村，凋敝程度远超他的想象。《故乡》中的闰土以章运水为原型。当闰土的名字从母亲口中说出时，

“我”的脑海中浮现出一幅幅图景。深蓝的天空中挂着一轮圆月，海边沙地满是碧绿的西瓜田里立着一个少年。这个活泼的少年曾在下雪的清晨教给“我”设陷阱捕鸟的方法，曾告诉“我”在夜里守西瓜田防猹的经历，还有关于海边贝壳和鱼类的知识。“我”感到自己似乎终于看到了美丽的故乡。然而，几日后闰土带着儿子水生出现在我眼前，在多子、饥荒、苛税、军队、匪贼、官员、地主们的多番折磨和压榨下，他变成了一个木偶似的农民。终于，当“老爷”这个词从他口中说出时，“我”的身体里打了一个大大的寒噤。“我”知道，少年时代的纯真关系已经不复存在，两人之间隔了一层厚障壁。作品鲜明地对比了现在与过去，并以克制又简洁有力的笔触，描绘出这种隔绝的悲哀。小说结尾处，“我们”乘船离开故乡时的描述是鲁迅笔下最脍炙人口的一段话。

“我”听着船底的潺潺水声，感到仿佛有看不见的高墙将我与周围隔绝。不过，侄子宏儿与水生之间，还像自己与闰土过去一样心意相通。至少希望他们不要像“我们”一样感受到隔膜的悲哀。他们应该要有新的生活，是“我们”未曾经历过的。“我”想到所谓希望时，突然害怕了起来。那难道不也只是自己手制的偶像吗？然而，仿佛是为了打消这种恐怖，“我”的脑海里浮现出西瓜田的风景。

我在朦胧中，眼前展开一片海边碧绿的沙地来，上面深蓝的天空中挂着一轮金黄的圆月。我想：希望是本无所谓有，无所谓无的。这正如地上的路；其实地上本没有路，走的人多了，也便成了路。

《阿 Q 正传》

1921 年 1 月，《新青年》第八卷第六号在印刷时发生了原稿被法租界警察没收的事件，《新青年》的出版地转移至广州。小说《故乡》便登载于同年 5 月在广州出版的《新青年》第九卷第一号。同年 7 月，中国共产党在上海成立。在此之前，《新青年》一直扮演统一战线的角色。1922 年 7 月，《新青年》发行完第九卷第六号后停刊。待到其 1923 年 6 月作为季刊杂志重新登场时，已是一本纯粹的中国共产党的理论期刊。对此表示反对的胡适，在 1922 年 5 月创立《努力周报》。因为《新青年》团体的解散，处在两者之间，可以说是站在中间派立场的鲁迅受到巨大打击。他失去了并肩作战的战友，变得孤立无援。

借用鲁迅的话来说，北京“自从支持着《新青年》和《新潮》的人们，风流云散以来，一九二〇至二二年这三年间，倒显着寂寞荒凉的古战场的情景”(《〈中国新文学大系〉小说二集序》，1935)。此外，鲁迅在另一篇文章中写道，“后来《新青年》的团体散掉了，有的高升，有的退隐，有的前进，我又经验了一回同一战阵的伙伴还是会这么变化，并且落得一个‘作家’的头衔，依然在沙漠中走来走去”(《〈自选集〉自序，1932》)。

鲁迅再一次回到了《狂人日记》之前的那种寂寞当中。或许正因为是第二次，所以打击更大，寂寞也愈发深刻。不过对于鲁迅而言，作为《狂人日记》的作者，他迈出的这一步具有决定性的意义。小说《阿Q正传》写于《故乡》发表约一年后，自1921年12月至1922年2月以每周一次的频率在《晨报副刊》上连载。这是一个开辟历史新时代的阵营解体时，置身风波中的“作家”独自尝试的令人惊叹的工作。

早在此前，鲁迅就曾写过《暴君的臣民》(1919)一文，作为第65篇“随感录”发表在《新青年》杂志上。

> 暴君治下的臣民，大抵比暴君更暴。……
>
> 暴君的臣民，只愿暴政暴在他人的头上，他却看着高兴，

拿“残酷”做娱乐，拿“他人的苦”做赏玩，做慰安。

自己的本领只是“幸免”。

从“幸免”里又选出牺牲，供给暴君治下的臣民的渴血的欲望，但谁也不明白。死的说着“阿呀”，活的高兴着。

鲁迅关于奴隶形象的论述很多。据增田涉说，鲁迅在日常谈话中频频使用奴隶一词，那种脱口而出的切实语感仿佛这个词已经长在他身上。增田涉对此感到困惑，不过这都是后话了。《暴君的臣民》是鲁迅前期论述奴隶的代表性文章，它的诞生源于鲁迅对某些人的观察，这些人聚集起来围观罪犯和革命者被处决，发出如痴如醉的喝彩。这是仙台“幻灯片”上那种情景的进一步放大，据说鲁迅回国后曾多次遇到这种情景。前面提到的小说《药》中也有围观处决的场面。这是遭受欺凌且无处可归的奴隶们的饥渴灵魂，在寻求归处时呈现的可怕光景。小说《阿Q正传》将萦绕在鲁迅脑中挥之不去的奴隶形象取出置于日光之下，并试图迫近奴隶的精神内核。

阿Q，既没有家，也没有家人。他住在村里的土谷祠，过着给人家割麦、舂米、撑船的日子。阿Q有一种奇妙的自尊心。他总说：“我们先前——比你阔得多啦！”“我的儿子会阔得多啦！”

完全不把村里人放在眼里。但是，阿Q常常在打架中败下阵来。被打败了之后，他就想“我总算被儿子打了”。这样一想，优越感便涌上心头，感觉好似打胜了一样。但是，对方并不总是允许这种“妙招”，打他之前会说：“阿Q，这不是儿子打老子，是人打畜生。自己说：人打畜生！”阿Q窝囊地求饶：“打虫豸，好不好？我是虫豸——还不放么？”对方就揪住阿Q的头在墙上磕了五六回，心满意足地走了。不过，阿Q很快就振作起来，他觉得自己可是“第一个能够自轻自贱的人”，于是也心满意足地走了。他好不容易在赌场靠押宝赢了大洋，却因为局头引发的混乱，竹篮打水一场空。此时的阿Q就算想说钱是被儿子拿走了，说自己是虫豸，心里也难以快乐。于是，他啪啪地扇自己的脸颊，似乎觉得被打的是别人，而打人的是他自己，然后沉沉地睡着了。

一年春天，阿Q在与王胡的捉虱子比赛中败下阵来，心有不平的他觉得对方瞧上去很弱，便主动挑衅，又被打败。这是意料之外的屈辱事件。正当他茫然无措时，“假洋鬼子”来了。“假洋鬼子”曾到日本留学，回来时没了辫子，如今用假发弄虚作假，是阿Q最讨厌的男人。阿Q正心中气愤，不由得张嘴骂出了“秃儿驴”，就立刻被“假洋鬼子”用手杖啪啪敲打一番。这又是一次意料之外的屈辱。但是，阿Q走着走着反倒觉得神清气爽了，加上他宝贝的“忘却”起效，快到酒店时已是心中快活。此时，对面走来一个年轻的小尼姑。阿Q又一次怒上心头。

“我不知道我今天为什么这样晦气，原来就因为见了你！”他想。

他迎上去，大声的吐一口唾沫：

“咳，呸！”

小尼姑全不睬，低了头只是走。阿Q走近伊身旁，突然伸出手去摩着伊新剃的头皮，呆笑着，说：

“秃儿！快回去，和尚等着你……”

“你怎么动手动脚……”尼姑满脸通红的说，一面赶快走。

酒店里的人大笑了。阿Q看见自己的勋业得了赏识，便愈加兴高采烈起来：

“和尚动得，我动不得？”他扭住伊的面颊。

酒店里的人大笑了。阿Q更得意，而且为满足那些赏鉴家起见，再用力的一拧，才放手。

最初增田涉之所以选择翻译《阿Q正传》，是因为改造社

《世界幽默文学全集·支那篇》（1933）的收录需要，而此事得到了鲁迅本人的同意。增田涉表示，无论幽默的概念如何，自己的本意是希望将鲁迅的作品介绍到日本，而且事实上鲁迅在刻画阿Q的奴性精神时，运用了别出心裁的诙谐笔法，也契合选录的要求。随着作品的流传，这种精神被称为“阿Q相”“阿Q主义”“阿Q精神”。这种精神在生存于动荡时代、面对困难和危险止步动摇的人们的脑中不断复活。要言之，这种精神通过各种心理操作、代偿行为以及转嫁给弱者，来巧妙地躲闪、甩开那些施加在自己身上的屈辱，拒绝承认自己的屈辱是一种屈辱。

鲁迅后来在文章中写道：“中国人的不敢正视各方面，用瞒和骗，造出奇妙的逃路来，而自以为正路。在这路上，就证明着国民性的怯弱，懒惰，而又巧滑。”（《论睁了眼看》，1925）鲁迅在作品的前半部分，让阿Q接二连三地演绎这种“奇妙的逃路”，并发现“精神胜利法”是奴隶精神的核心，也是国民性耻辱的病根。

然而，尽管阿Q一次次被打败后总是能“反败为胜”，但一个意想不到的陷阱正等待着他，使他没落。阿Q捏了小尼姑的脸颊而飘飘然至极，念念不忘小尼姑斥责的那句“断子绝孙的阿Q”以及捏住小尼姑脸蛋时手指“滑腻”的触感。要是断子绝孙的话，死后就没有人来供饭，就不得不永世挨饿了。无论如何都必须要有一个女人。“女人，女人！……”阿Q彻底发了狂。他向村里赵地主家的女仆吴妈求爱，引发了一场大骚乱。那之后，他失去了村里的工作，饥肠难耐，最后离开了村子。

鲁迅用他的笔下描绘了赵家压倒全村的威势，以及阿Q被他们压榨到赤膊的形象。阿Q的受难史使人逐渐意识到，对于遭到极度践踏、侮辱的人来说，“精神胜利法”是“虚假康复”下的“短暂偷生”。因为虚假且短暂，所以不可能“真正康复”“人的生命”。阿Q的“精神胜利法”渐渐失去效力。

半年后，阿Q回到村里，带来了一些钱、赃物和新的见闻。一时之间，阿Q的权威几乎赶上了赵太爷。他得意洋洋地讲解在城里看到的处死革命党的情景，让村民们胆战心惊。不过，当人们发现他不过是给毛贼打下手时，他的权威便急转直下。正当阿Q的“中兴”迎来“末路”时，辛亥革命爆发了。阿Q原本对革命党深恶痛绝。但当他看到城里的举人和村里的“鸟男女”都惊恐慌张，便觉得“革命也不是坏东西啊”。“革这伙妈妈的命，太可恶！太可恨！……便是我，也要投降革命党了。”“造反了！造反了！”阿Q叫嚷着走在大街上，村民们用一种他似乎从未见过的可怜目光看着他。在土谷祠的窝里，阿Q沉醉在各种荣华富贵的幻想之中。然而，阿Q的天下只一天就结束了。村里的革命落入了加入革命党的“假洋鬼子”和赵太爷的儿子手中，阿Q又没落了起来。阿Q试着学“假洋鬼子”把辫子盘起来，但这早已不是什么稀奇事了。阿Q意识到要革命就必须成为革命党的同伙，于是去拜访了正装腔作势发表“革命”演讲的“假洋鬼子”。但他们将阿Q赶出了集会。就连阿Q梦中所见的白盔白甲的战士们，在阿Q的眼皮子底下“征用”赵家家产时，也不来打招呼。

既然“精神胜利法”对阿Q而言是“虚假康复”下的“短暂偷生”，那么当从屈辱和压迫中解放的“革命”出现在阿Q眼前时，使他魂牵梦萦就是理所当然。鲁迅的着眼之处不是处决革命党喝彩的场面，而是更加必然且根本性的发展，他巧妙地刻画了憧憬“革命”，将被压抑的怨恨、希望和幻想统统解放的阿Q。阿Q的“革命”，是“我要什么就是什么，我欢喜谁就是谁”的滑稽玩意儿。然而，我们无法嘲笑阿Q渴求“革命”的那份迫切。它与阿Q跪在吴妈跟前的那种迫切一样，或者更胜一筹。

造反？有趣……来了一阵白盔白甲的革命党，都拿着板刀，钢鞭，炸弹，洋炮，三尖两刃刀，钩镰枪，走过土谷祠，叫道，“阿Q！同去同去！”于是一同去。……

然而，“假洋鬼子”不许阿Q“革命”，阿Q期盼已久的白盔白甲的男人们也没有来招呼他。不仅如此，尽管“征用”赵家家产的是趁火打劫的强盗，但被当作犯人押到县里审判的却是阿Q。阿Q愤懑地控诉那些不让自己革命的人，但革命党的判官们全然不顾他的意志和希望，给他判了死刑。鲁迅笔下的审判情景凝缩了一个悲剧性的事实——推翻3000年王朝体制、最早在亚洲实现共和体制的辛亥革命，在成立“共和国”的同时，早已将从灵魂深处渴求“革命”的阿Q们排除在“国民”的范围之外了。

阿Q双手被缚在身后，坐上板车，游街示众。看到道路两旁挤满了张着嘴的看客，即便是麻木不仁的阿Q，也终于意识到自己要被处决了。他在人丛中看到吴妈的身影，羞愧自己在游街的时候竟没有唱几句戏，于是出声道：“二十年后又是一个……”话音未落，人丛中响起了豺狼一般的嗥叫声。

> 这刹那中，他的思想又仿佛旋风似的在脑里一回旋了。四年之前，他曾在山脚下遇见一只饿狼，永是不近不远的跟定他，要吃他的肉。他那时吓得几乎要死，幸而手里有一柄斫柴刀，才得仗这壮了胆，支持到未庄；可是永远记得那狼

眼睛，又凶又怯，闪闪的像两颗鬼火，似乎远远的来穿透了他的皮肉。而这回他又看见从来没有见过的更可怕的眼睛了，又钝又锋利，不但咀嚼了他的话，并且还要咀嚼他皮肉以外的东西，永是不远不近的跟他走。

这些眼睛似乎连成一气，已经在那里咬他的灵魂。

“救命，……”

然而阿Q没有说，他早就两眼发黑，耳朵里嗡的一声，觉得全身仿佛微尘似的迸散了。

阿Q四年前看到的“又凶又怯的狼眼睛”，与《狂人日记》中描绘的“吃人”之眼恐怕是同一种东西。只不过这次，他看到了更加可怕的目光。“又钝又锋利的眼睛”，这是阿Q在围观处决的人丛中发现的“奴隶”的眼睛。这眼睛诉说着人与人之间的离散、隔绝、无法沟通，以及因此无法摆脱“吃人”的深刻孤独。阿Q曾是这人丛之中的一员，不知他是否明白这同时也是他自己的眼睛。然而，此时的阿Q被这恐怖的眼睛和自己深刻的孤独压倒，第一次试着从心底发出“救命”的喊声。

《阿Q正传》的结尾，归根到底仍是对“幻灯片”情景的进一步放大，可见鲁迅对这一情景的印象之深。如果说前文引用的《暴君的臣民》是鲁迅将心中的厌恶感一吐而快，是他立足于批判者立场的写作，那么当我们将二者相互比较时，或许就可以看出鲁迅通过《阿Q正传》这部作品表现的洞察力是多么普遍而深刻。鲁迅的想象力与阿Q共存，由此在“牺牲者”的“阿呀”声中探寻民众被割裂且封闭的深刻孤独和痛苦，在“幸免者”因“牺牲者”之死而发出的“高兴”呼声中，探索横亘在屈辱的奴隶内部的悲剧本质。

1925年，鲁迅为《阿Q正传》的俄文译本撰写了一篇序言。这篇文章总括性地展示了鲁迅是在何种情境下，被何种悲愤推动着持续创作的。

> 我虽然已经试做，但终于自己还不能很有把握，我是否真能够写出一个现代的我们国人的魂灵来。别人我不得而知，在我自己，总仿佛觉得我们人人之间各有一道高墙，将各个分离，使大家的心无从相印。这就是我们古代的聪明人，即所谓圣贤，将人们分为十等，说是高下各不相同。其名目现在虽然不用了，但那鬼魂却依然存在，并且，变本加厉，连一个人的身体也有了等差，使手对于足也不免视为下等的异类。造化生人，已经非常巧妙，使一个人不会感到别人的肉

体上的痛苦了，我们的圣人和圣人之徒却又补了造化之缺，并且使人们不再会感到别人的精神上的痛苦。

我们的古人又造出了一种难到可怕的一块一块的文字；但我还并不十分怨恨，因为我觉得他们倒并不是故意的。然而，许多人却不能借此说话了。加以古训所筑成的高墙，更使他们连想也不敢想。我们现在所能听到的，不过是几个圣人之徒的意见和道理，为了他们自己；至于百姓，却就默默的生长，萎黄，枯死了，像压在大石底下的草一样，已经有四千年！

要画出这样沉默的国民的魂灵来，在中国实在算一件难事，因为，已经说过，我们究竟还是未经革新的古国的人民，所以也还是各不相通，并且连自己的手也几乎不懂自己的足。我虽然竭力想摸索人们的魂灵，但时时总自憾有些隔膜。在将来，围在高墙里面的一切人众，该会自己觉醒，走出，都来开口的罢，而现在还少见，所以我也只得依了自己的觉察，孤寂地姑且将这些写出，作为在我的眼里所经过的中国的人生。(《〈阿Q正传〉俄文译本序》)

据说，旧中国的文盲率高达百分之九十。日本很早就创制出表音文字——假名。相比之下，汉字是一个极其巨大的障碍。阿Q被带到衙门，被要求画押，被告知不会写字的话就画个圆圈，他用生平初次握住的笔使尽力气画下去，最后在合缝处向外一耸，画到外面去了。这种大多数人目不识丁、因而阻碍他们用文字表现和传达意志的状态，被鲁迅称为“无声的中国”（1927年发表同名演讲）。这是想要喊出“救命”的阿Q的“声音”，他察觉到同胞们的恐怖目光，以及生活在其中的人们的孤独痛苦（即“灵魂被噬咬”），试图发出生命的叫喊。鲁迅在这“声音”中看到了“国民之魂”，但又不得不在后面加上一句“然而阿Q没有说”。从这一句可见，鲁迅对“无声的中国”寄予的悲痛是多么深沉。

北京之二

《彷徨》

阿Q们生命中深刻的孤独与痛苦，也是作家鲁迅在生存于当时中国的人们身上发现的孤独和痛苦。当他将其凝缩为阿Q发出的那句“救命”时，鲁迅也从《新青年》的世界迈入了一片不同的新天地。倘若我们简单地将鲁迅在《新青年》时期的作品称作“为了打破寂寞而发出的喊声”，那么其1922年的几部作品对应的说法便是“寂寞本身化作的声音”。

譬如，在《阿Q正传》之前，鲁迅的小说往往具备极强的思想性和虚构性，而这一时期的小说则开始表现出近似日本私小说的风格。这些作品都是鲁迅在被称为“五四退潮期”的时代中，在深沉的寂寞中创作的。小说《兔与猫》《鸭的喜剧》以八道湾的自家庭院为舞台，表现了其对小猫、蝌蚪等小动物之死的凝视，而《社戏》则追忆了作者与江南地区农村孩童之间稚嫩的亲密交往，以及在夜晚临河的舞台上由绍兴戏演绎出的幻想世界。

这一年的 12 月，鲁迅决定将从《狂人日记》到《不周山》（《补天》）的 15 篇小说合编为《呐喊》，并写了《自序》。《自序》反映了鲁迅这一时期的心境，以青少年时期“梦”的挫折，以及一天天长大如大毒蛇般缠住灵魂且挥之不去的寂寞为核心，讲述了自己的生平。同时正如前文所述，鲁迅将《狂人日记》的形成阐释为同情和搁置：同情是针对那些在寂寞的折磨中一味奔驰的战士们，而搁置是针对自己坚持否定他们所谓希望的态度。

《狂人日记》中呈现的鲁迅式的进化论，对他本人的渗透已经到了极大影响其日常生活态度的地步。鲁迅为弟弟们做出的自我牺牲，不仅源于他作为家长的责任感，同时也基于其与进化论相应的人生观。他的耻辱和愧疚意识与他遭遇的个人体验——无爱的婚姻——关系至深。同样，“救救孩子”这句话，与他为了给侄子侄女们提供一个足够开运动会的大院子而四处奔波挣钱的生活方式密不可分。1921 年 9 月，鲁迅的三弟周建人到上海商务印书馆就职。虽然周建人是独自赴任，但后来出版的欧洲小说集《现代小说译丛》（1922 年 5 月）及《现代日本小说集》（1922 年 6 月）

却是他们兄弟合力完成的工作。

然而，这个乍看之下和平安宁的家庭却在一步步迈向解体的局面。在绍兴时，周家的日常生活由母亲鲁瑞掌管，在八道湾时就交给周作人的妻子羽太信子打理。羽太信子在管理上的散漫与在开销上的任性，平日里让鲁迅头痛不已。后来他告诉许广平，羽太信子无论大小病都要请日本医生来，生活开销上又不节约，所以钱总不够用，必须四处借款，有时鲁迅刚借到钱连忙赶回来，就看到医生的汽车从家里开出来，于是就想，自己是用黄包车运来的，如何敌得过用汽车带走的呢？增田涉也提到自己曾听鲁迅亲口说过，就算是他为周作人的孩子们买的糖果，羽太信子也会让孩子们丢掉。总而言之，在他们的家庭中，羽太信子被视为一个要固守日本殖民地生活水准和生活方式的女性。鲁迅多次向周作人提意见，但周作人最终并未采取适当措施。据说羽太信子以前发过癔症，所以周作人会避免过度刺激她。

鲁迅与周作人之间的不幸决裂，发生于 1923 年 7 月。周作人听了羽太信子的话后，亲自送来这样一封信。信里写道：“我昨天才知道——但过去的事不必再说了。我不是基督徒，却幸而尚能担受得起，也不想责谁——大家都是可怜的人间。我以前的蔷薇色的梦原来却是虚幻，现在所见的或者才是真的人生。我想订正我的思想，重新入新的生活。以后请不要再到后面院子里来。”据鲁迅日记所载，鲁迅读过这封信后，想请周作人来一问究竟，但周作人始终没有来。

周作人究竟知道了什么，至今仍是一个谜。不过唯一可以确定的是，周作人虽然把羽太信子所说的话告诉了鲁迅，却似乎未向鲁迅本人求证内容的真伪。据许广平回忆，鲁迅表示周作人曾说过“权其轻重，牺牲与长兄友好，换取家庭安静”的言辞。8月，鲁迅便与朱安迁居至砖塔胡同的临时住处。翌年，鲁迅去八道湾取回书和什器时，周作人和羽太信子出来对其污言辱骂、殴打。此事在鲁迅日记中同样可见。鲁迅将其从八道湾带出来的砖画拓本整理成《俟堂专文杂集》，在为该书撰写的题记（1924）中，用了“宴之敖者”的笔名。宴字由家、日、女组成，而敖（《说文解字》中为“𢾊”）由出、放组成，也就是被日本女人放逐之人的意思。

兄弟二人曾是《新生》的盟友，不久前又是《新青年》的同志。与弟弟的决裂，给鲁迅带来了难以估量的冲击（当然，可以说对周作人而言亦是如此）。鲁迅式的进化论在社会和个人两方面都遭到严峻考验。在迁至砖塔胡同时，鲁迅曾问朱安是留在八道湾，还是回绍兴娘家，当然前提条件是继续提供经济上的保障。

朱安说，横竖都要有人来烧饭、洗衣、缝、补、打扫的，因此希望能一块儿搬出去。临时住处是北京女子师范大学的学生俞芬和妹妹们一起租住的房子，鲁迅他们搬到了这里的主屋。西侧是朱安的房间，东侧房间是为偶尔来访的母亲准备的，中间是鲁迅的卧室、工作间，也是客房和餐厅。俞芬她们住西侧的屋子，两家的女工共用东侧的一个房间，可谓名副其实的临时居所。

迁居之后，鲁迅立即着手找寻新的住处，终于在10月购入了阜成门内西三条胡同的一座老宅并加以翻修，翌年（1924）5月将母亲从八道湾接出，搬了进去。鲁迅为购买八道湾的宅子已经用尽积蓄，因此不得不向许寿裳等友人筹借大笔钱款。其间由于身心俱疲，他在留学时染上的肺结核复发，持续发热，曾连续数日腹泻严重。或许是受这种生活的影响，鲁迅在1923年未写过一篇小说，就连评论文章也只有一篇，就是12月在北京女子高等师范学校文艺会上的演讲稿《娜拉走后怎样》。鲁迅在此次演讲中提出，自由固然不是金钱能买到的，却能够为了钱而卖掉，娜拉必须拥有经济权，才能在离家之后避免堕落或者回去的命运。他在演讲中说：

人生最苦痛的是梦醒了无路可以走。做梦的人是幸福的；

倘没有看出可走的路，最要紧的是不要去惊醒他。

从这些发言中，可以看到此时鲁迅的立场与《新青年》时期不同。鲁迅在《〈一个青年的梦〉译者序》中展现了一种结构，即意识到自身耻辱和黑暗的觉醒者们在“人类”或“人道”的光辉照耀下，试图主动唤醒黑暗中沉睡的人们。但这一结构在这里已无处可寻。

时隔一年后，1924年鲁迅重新开始小说写作。这些作品后来收录于小说集《彷徨》。《彷徨》的第一篇小说《祝福》刻画了一名农村女性悲惨的一生，她原本健康能干，却遭到残酷命运与礼教精神枷锁的愚弄，最终变成一个木偶般的人，被雇主驱赶，沦为乞丐死去。与此同时，作者在小说中扮演一名叙述故事的知识分子，面对着一个女性生存在社会底层的深刻孤独与悲哀，在她的视线之前无言以对，只能逃走。在紧随其后的第二篇小说《在酒楼上》中，“我”与朋友在学生时曾立志要改造社会，可如今的朋友却成了一名靠教孔孟之书谋生的教书先生。小说呈现了一个面对朋友的挫败感只能无言以对的知识分子形象。

上述作品在《彷徨》(1926）中处于卷首的位置，没有什么比这更能显示作者自身的“彷徨”。所谓“彷徨”，是指面对觉醒却找不到去路的痛苦，在荒野中徘徊以寻求道路。鲁迅将这种世界称为“明暗之间”或“不明不暗”的世界。在不知是通往光明还是黑暗的不安中，独自一人不停地走在无尽的荒野中，便是“彷徨”。“彷徨”是充满危险的旅程，“彷徨”者会在行进时不断窥见自己内部的黑暗。这一年9月，鲁迅开始创作散文诗集《野草》（1927）中的各篇文章。在《彷徨》的多篇小说与《野草》中，留下了鲁迅终究没有停止前行的精神轨迹。

在这一年9月的书信中，鲁迅谈到自己内心的黑暗，说：“我总觉得我的灵魂里有毒气和鬼气，我极憎恶他，想除去他，而不能。”（《致李秉中》，9月24日）同一日，他又作了一首散文诗《影的告别》。在夜深人静时，自己的影子出现，它要告别人世，它的告别之辞被写成了诗。

> 你就是我所不乐意的。
>
> 朋友，我不想跟随你了，我不愿意！
>
> 我不愿意！
>
> 呜呼呜呼，我不愿意，我不如彷徨于无地。
>
> 然而我不愿彷徨于明暗之间，
>
> 我不如在黑暗中沉没。

这首诗宣示了彷徨于明暗之间的鲁迅宣告自己渴望停下脚步、索性沉沦于黑暗的冲动。鲁迅的“彷徨”，就是在剥离这种内心冲动的同时不断前行。影子出现向人告别的意象，象征性地阐述了持续的“彷徨”必然包含的诀别剧目。前文提过的小说《在酒楼上》正是属于这一剧目的第一部作品。

1925 年

西三条胡同的住处虽然很小，却是一座四合院，由朝南的正房（北房）、南房和东西两边的侧房围着中庭安置而成。正房的北侧建了一个凸出的房间，被鲁迅起了个“老虎尾巴”的昵称，是鲁迅的工作间、客厅兼卧室，在面朝后院的宽大玻璃窗下，放着一张朴素的木床，东侧摆放着书桌，墙上挂着藤野先生的照片。除中庭原有的枣树外，鲁迅又亲手种了白丁香和紫丁香，并且在后院种了川柳、木瓜、花椒、碧桃和榆叶梅。

1925 年是鲁迅最高产的一年。除翻译外，《彷徨》中的四篇小说、《野草》中的 15 首散文诗、《坟》中的 11 篇评论、《华盖集》中收录的 31 篇杂文，以及另外 20 多篇文章，都是在“老虎尾巴”中创作完成的。

这一年的1月1日，鲁迅写下了散文诗《希望》。这篇的闻名是因为引用了匈牙利诗人裴多菲的那句“绝望之为虚妄，正与希望相同”。诗歌以一句“我的心分外地寂寞”开篇。作者从“然而我的心很平安”“我大概老了”等自觉老朽的认知出发，回顾辛亥革命前青春激昂的时代——“我的心也曾充满过血腥的歌声：血和铁，火焰和毒，恢复和报仇”。

然而这些忽然都空虚了。“我”刻意将希望化作自我欺瞒的盾，以抗拒暗夜。长此以往便陆陆续续耗尽了“我”的青春。然而，那时的“我”并非没有发现自己的青春已然逝去，只觉得身外的青春仍在。可现在为何如此寂寞？难道连身外的青春也都逝去，青年们全都老朽了？作者如此归纳那个被指向年轻一代的期望所唤醒的“呐喊”时代，述说着如今连身外青春都消逝而去的寂寞。所谓希望，是青春的同义词，既指自己的青春，也指身外的青春。鲁迅说自己曾活在两种青春之中，如今二者都已逝去。舍弃希望的盾，这就是鲁迅身上的“彷徨”，彼时他脑海里浮现的是裴多菲的诗篇《希望》。

希望是甚么？是娼妓；

她对谁都蛊惑，将一切都献给；

待你牺牲了极多的宝贝——

你的青春——她就弃掉你。

鲁迅窥见了侵袭裴多菲的深沉绝望，试图将其与自身的绝望重叠，然而与此同时，裴多菲的另一句话浮现在他眼前。

可惨的人生！桀骜英勇如Petöfi，也终于对了暗夜止步，回顾着茫茫的东方了。他说：

绝望之为虚妄，正与希望相同。

倘使我还得偷生在这不明不暗的这"虚妄"中，我就还要寻求那逝去的悲凉漂渺的青春，但不妨在我的身外。因为身外的青春倘一消灭，我身中的迟暮也即凋零了。

然而现在没有星和月光，没有僵坠的胡蝶以至笑的渺茫，爱的翔舞。然而青年们很平安。

我只得由我来肉薄这空虚中的暗夜了，纵使寻不到身外的青春，也总得自己来一掷我身中的迟暮。但暗夜又在那里呢？现在没有星，没有月光以至笑的渺茫和爱的翔舞；青年们很平安。而我的面前又竟至于并且没有真的暗夜。

绝望之为虚妄，正与希望相同！

星星、月亮、蝴蝶、笑与爱的反复，哪怕悲哀微弱，这些都是存在于他身外的“青春”。如今连这些都不在了。鲁迅另一篇文章中表达了这一感慨，他说“因为惊异于青年之消沉，作《希望》”。(《〈野草〉英文译本序》)“因为身外的青春倘一消灭，我身中的迟暮也即凋零了”，这句话表达的是，倘若丧失与下一代的纽带，鲁迅的“生命”便无法成立。于是，当鲁迅置身于连身外青春都已逝去的全新状况，他不得不重新选择自己的生存方式。

所谓“虚妄”，是看似有、实则无的东西。裴多菲的那句话可在他的信中找到，据说原文的意思是绝望和希望一样，都是诓人的骗子。鲁迅既舍弃希望的盾，也没有被绝望诓骗，而是确立了自己在“不明不暗”的世界中不断前行的立场。这便是活在“虚妄”之中。此刻他对抗暗夜的武器，是自己身中的“迟暮”，是仅存的未逝“青春”的余烬。在决定将其投掷的鲁迅面前，连暗夜都显得徒有其表。在这首诗歌中，我们可以发现摒弃所谓希望或绝望的安稳依靠，在孤独中始终不懈摸索的意志。不过，另一方面，鲁迅没有坐视青年的消沉，他身中的余烬也在悲痛地寻求身外的青春。自 1920 年起，鲁迅外出到北京大学、北京师范大学授课；1923 年起到北京女子师范大学授课，主要讲授中国小说史。据说他的教室挤满了学生，还有人站着听课。学生时曾在北京大学听讲，后来成为小说家的王鲁彦回忆说：“仿佛听到了全人类的灵魂的历史。”1924 年 11 月，由鲁迅等《新青年》团体中间派成员主导的杂志《语丝》创刊。杂志的同人主要有周作人、钱玄同、林语堂、孙伏园、章川岛等人，《野草》中的各篇文章尽数刊载其上。《语丝》是以名人为中心的杂志。与此相对，1925 年 4 月，鲁迅与当时还默默无闻的高长虹、向培良、韦素园等人一同创办《莽原》杂志，试图围绕文明批评和社会批评，培养青年批评家。此外，《莽原》的投稿者韦素园、李霁野、曹靖华等人又共同创立“未名社”。该社团主要从事外国文学的翻译、介绍工作，其后出版《未名丛刊》，收录果戈理的《外套》、陀思妥耶夫斯基的《穷人》《罪与罚》、安德烈耶夫的《黑假面人》等作品。

除了作为教育部官员的本职工作，以及担任讲师的备课、写作，鲁迅还要编辑丛书和杂志、校阅稿件、帮青年求职、提供资金支持、与青年会面……他不顾病痛，为众多青年耗费时间、精力和金钱。这种生活方式，也与鲁迅式的进化论有着深刻联系。

3 月，鲁迅收到一位名为许广平（1898—1968）的女学生的来信。她是北京女子师范大学三年级的学生，当时正在听鲁迅的课。许广平出身于广州的一个名门世家，父亲在她出生第三日便为其定下婚约。许广平顽强反抗，终于在十八岁时取消婚约，到天津北洋女子师范学校就读，后进入北京女子师范学校，就读于国文系。此时的许广平二十七岁，两年后毕业，因为对人生、社会的怀疑和愤懑陷入苦恼，向鲁迅寻求指导。此后直到同年 7 月，两人之间共交换了 35 封书信（收录于《两地书》第一集）。许广平用坚定而率直的话语向鲁迅提问，鲁迅坦然回应。鲁迅的信与其说是回答，毋宁说是在坦率地讲述自身的烦恼和踌躇，通俗易懂地阐释自己的思想，从而为了解这一时期鲁迅的内心生活留下宝贵的资料。

> 你好像常在看我的作品，但我的作品，太黑暗了，因为我常觉得惟“黑暗与虚无”乃是“实有”，却偏要向这些作绝望的抗战，所以很多着偏激的声音。其实这或者是年龄和经历的关系，也许并未一定的确的，因为我终于不能证实：惟黑暗与虚无乃是实有。所以我想，在青年，须是有不平而不悲观，常抗战而亦自卫，倘荆棘非践不可，固然不得不践，但若无须必践，即不必随便去践，这就是我之所以主张“壕

堑战”的原因，其实也无非想多留下几个战士，以得更多的战绩。(《两地书》四，3月)

其实，我的意见原也一时不容易了然，因为其中本含有许多矛盾，教我自己说，或者是人道主义与个人主义这两种思想的消长起伏罢。所以我忽而爱人，忽而憎人；做事的时候，有时确为别人，有时却为自己玩玩，有时则竟因为希望生命从速消磨，所以故意拚命的做。此外或者还有什么理由，自己也不甚了然。但我对人说话时，却总拣择那光明些的说出，然而偶不留意，就露出阎王并不反对，而“小鬼”[意为阎王的手下，是鲁迅给许广平起的昵称]反不乐闻的话来。总而言之，我为自己和为别人的设想，是两样的。所以者何，就因为我的思想太黑暗，但究竟是否真确，又不得而知，所以只能在自身试验，不敢邀请别人。(《两地书》二四，5月)

“个人主义”一词，是二人的往来书信出版成《两地书》时修改后的结果，原信写的是“个人的无治主义”。鲁迅在另一篇文章中阐明了他对这个词的理解，即“人生的目的只在于获得个人的幸福与欢娱，此外生活上的欲求，全是虚伪”(《译了〈工人绥惠略夫〉之后》，1921)。此时的他不禁感到，“个人主义”如同间歇泉一般从身体里喷涌而出。至少在这一时期，鲁迅并非没有机会埋头于文字史和文学史的研究，去追求大学教授之类的地位。凝缩在《狂人日记》结尾“救救孩子”一句中的自我牺牲立场（这是鲁迅的进化论），不但得不到回报，甚至会因背叛的打击而受伤，难免会产生裂痕。与二弟周作人之间发生的不幸决裂，便是其中之一。类似的小事在他的公共生活中和私下里肯定屡屡发生，一定有很多双好奇的眼睛对他与妻子朱安的关系追根究底。正如后面会提到的，时代本身也在发生重大转变。进化论对鲁迅而言，是一种贯穿社会与个人、全身心投入的生存方式。当这种进化论从根本上发生动摇，鲁迅便将裂痕产生时身心的痛苦扭曲凝结成一首散文诗。这就是《颓败线的颤动》（6 月）。

作品由梦中梦见的前后两个梦组成。深夜紧闭的小屋里，屋顶长满成片成片的草。此处描绘了一个为了年幼的孩子出卖肉体的年轻寡妇的形象。

> 在光明中，在破榻上，在初不相识的披毛的强悍的肉块底下，有瘦弱渺小的身躯，为饥饿，苦痛，惊异，羞辱，欢欣而颤动。弛缓，然而尚且丰腴的皮肤光润了；青白的两颊泛出轻红，如铅上涂了胭脂水。

灯火也因惊惧而缩小了，东方已经发白。

然而空中还弥漫地摇动着饥饿，苦痛，惊异，羞辱，欢欣的波涛……。

“妈！”约略两岁的女孩被门的开阖声惊醒，在草席围着的屋角的地上叫起来了。

……

“妈！我饿，肚子痛。我们今天能有什么吃的？”

“我们今天有吃的了。等一会有卖烧饼的来，妈就买给你。”她欣慰地更加紧捏着掌中的小银片，低微的声音悲凉地发抖，走进屋角去一看她的女儿，移开草席，抱起来放在破榻上。

带着孩子的贫穷寡妇，让人联想到鲁迅小说的女主人公。被蹂躏的痛苦，终究是出于自身意愿的卖淫行为导致的耻辱，以及养育的喜悦，这些能说明鲁迅内心的什么呢？“自己背着因袭的重担，肩住黑暗的闸门，放他们［孩子们］到宽阔光明的地方去”的自我牺牲精神，支撑这种精神的耻辱意识，以及投入全部身心贯彻上述精神与意识的生存方式——当这些出现龟裂时，回首沉思，惟有将其凝结成这样一个母亲的形象。

第二个梦发生在多年之后，同样是在深夜的小屋里。

屋的内外已经这样整齐；里面是青年的夫妻，一群小孩子，都怨恨鄙夷地对着一个垂老的女人。

“我们没有脸见人，就只因为你，”男人气忿地说。“你还以为养大了她，其实正是害苦了她，倒不如小时候饿死的好！”

“使我委屈一世的就是你！”女的说。

“还要带累了我！”男的说。

“还要带累他们哩！”女的说，指着孩子们。

最小的一个正玩着一片干芦叶，这时便向空中一挥，仿佛一柄钢刀，大声说道：

“杀！”

这是为了养育孩子卖身数十年后的女人。在饥饿、痛苦、惊异和欢喜之中，她是否曾料想到，出于眷恋、爱抚、养育、祝福的心选择的自我牺牲，会被眼前的孩子们责难、怨恨和谩骂。前面提到过，鲁迅的进化论诞生于两种意象的恫吓，其一是“难见真的人”的耻辱意识，其二是欧士华的形象（易卜生《群鬼》），他呐喊着“你给我的是一条什么命?”，并要求亲生母亲结束他的生命。在这里，鲁迅的进化论被置于背叛的残酷刀刃之下——“我们没有脸见人，就只因为你”“倒不如小时候饿死的好!”重叠着外孙无心的那声“杀!”，仿佛致命一击。垂老的女人打开板门，遗弃一切毒骂与冷笑，在深夜中举步离去。

“她赤身露体地，石像似的站在荒野的中央，于一刹那间照见过往的一切：饥饿，苦痛，惊异，羞辱，欢欣，于是发抖；害苦，委屈，带累，于是痉挛；杀，于是平静。……又于一刹那间将一切并合：眷念与决绝，爱抚与复仇，养育与歼除，祝福与咒诅……。她于是举两手尽量向天，口唇间漏出人与兽的，非人间所有，所以无词的言语。”

当她说出那些言语时，她颓败的整个身躯开始颤动，呼应着空中的颤动。虽然只有颤动，却让日光辐射，让空中的波涛汹涌奔腾于无边的荒野。梦到此为止。

倘若濒临崩溃的进化论就这样颓废地沉入黑暗，那么鲁迅的文学恐怕就会丧失从现代步入当代的生命力。恰恰是这日渐颓败的进化论，它的挣扎所孕育的能量，使我们得以预言一种全新母性（同样也可称之为父性）将在鲁迅身上复苏。

此外，鲁迅的彷徨所必然包含的诀别剧目，在这一年催生了

《野草》中的《过客》(3月)、《墓碣文》(6月)、《死后》(7月),以及小说《孤独者》(10月)。在《孤独者》中,魏连殳作为“崇洋媚外”的“新党”长期被视为异端,因直言不讳被开除教职,即便忍受着濒临乞讨的穷困也要坚持自己的生存方式。然而,当需要他、希望他生活高尚的人死去后,他便放纵自己,当了军阀的顾问,最终自我毁灭。对魏连殳而言,给军阀当顾问就是实行他过去憎恨、反对的一切,否定他曾经崇拜、主张的一切。他让那些过去蔑视他的人跪拜,一面自我蔑视,一面深陷逢迎、酒宴、献礼和作诗赠答的包围,挥金如土,任由身体被结核侵蚀致死。这便是他倒错的复仇。魏连殳的身上随处可见范爱农和鲁迅自己的投影。而魏连殳的“复仇”,恰恰正是鲁迅内心翻涌的黑暗冲动沉淀之后的产物。然而,魏连殳变成了躺在棺材中的尸体,身穿军装,脸上挂着冰冷的微笑。鲁迅借此表明,这种“复仇”根本无法改变现实分毫。“我”亲眼见证了友人的死,然后在月光下沿潮湿的石路离去。鲁迅的“彷徨”包含的诀别剧目,由此终于临近闭幕。

另一方面,鲁迅对民族与世界的认知也逐渐形成新的表征。他在《灯下漫笔》(4月)一文中阐述了自己的历史观,认为中国的历史不过是“一治一乱”——

（一）想做奴隶而不得的时代（乱）

（二）暂时做稳了奴隶的时代（治）

——的循环往复而已，中国人向来没有赢得过“人”的价值。这是针对国粹主义者和向青年提倡“整理国故”者们提出的鲜明历史观。而在短文《长城》(5月）中，鲁迅将长城的形象描绘成一道阻碍中国人放弃“奴隶”身份转而为“人”的巨大城壁。

伟大的长城！

这工程，虽在地图上也还有它的小像，凡是世界上稍有知识的人们，大概都知道的罢。

其实从来不过徒然役死许多工人而已，胡人何尝挡得住。现在不过一种古迹了，但一时也不会灭尽，或者还要保存它。

我总觉得周围有长城围绕。这长城的构成材料，是旧有的古砖和补添的新砖。两种东西联为一气造就了城壁，将人们包围。

何时才不给长城添新砖呢？

这伟大而可诅咒的长城！

如今，假如用“现代化”一词来指代鲁迅所说的从“奴隶”

变成“人”，那么中国的近现代史总体而言是一段关系错综的历史。一方面中国学习欧洲各国（后来又加上日本）的思想、文化、制度，同时实现自身“现代化”，这是师徒关系；另一方面欧洲根据自身利益，保留中国旧的思想、文化、制度，与旧势力勾结，阻碍其“现代化”，这是侵略与被侵略的关系。《新青年》的总体倾向是重视前者，而《长城》则表明鲁迅对后者终于有了明确认识。换言之，他认识到不反对帝国主义；就不可能打倒封建主义。当然，鲁迅的这种认识并不是要断绝“师徒关系”的武断逻辑。而且他深知，不从侵略者身上学习，被侵略者就不可能独立。《新青年》解体后，胡适等人提倡用美国教授的现代手法“整理国故”，列出近二百种古籍作为青年学习国学的最基本书目。对于胡适等人的这种动向，鲁迅不能不感到巨大的危险。于是，这一年 1 月，鲁迅在回应报刊的征询意见时，主张“要少——或者竟不——看中国书，多看外国书”(《青年必读书》)，引起了很大争议。

然而，鲁迅生存于“彷徨”之中，并非仅是一味地思索。1924 年，孙文领导的中国国民党和中国共产党之间建立统一战线（“第一次国共合作”），中国国民党第一次全国代表大会在广州举行。许多以个人身份加入国民党的共产党员也参加了该会。大会确立联俄、联共、扶助农工的三大政策。其后，以推翻封建军阀和帝国主义、建立独立统一的民国为目标的“国民革命”获得急剧发展。与此呼应的是，在封建军阀政府脚下的北京，李大钊等人指导的群众运动重整旗鼓，并在1925年迎来新的高峰。典型的例子就是围绕北京女子师范大学的斗争（“女师大风潮”）。这一事件，不仅将自1923年起作为讲师在此授课的鲁迅卷入现实的激烈斗争，还迫使他直接对抗“古砖”之上添“新砖”加固“长城”的历史现实。

1924年，杨荫榆接替许寿裳担任女师大校长，她曾就读于东京女子高等师范学校，后留学美国哥伦比亚大学。杨荫榆上任后，推行旧式的女子教育和封建的学校管理，专横跋扈的做法令学生的不满情绪日渐强烈。11月，因军阀混战而延误返校的学生遭退学处分，以此为契机，学校内爆发了罢免校长的运动。翌年（1925）4月，段祺瑞政府命司法总长章士钊兼任教育总长。章士钊过去是革命派，在辛亥革命时期曾与黄兴等人组建华兴会，五四运动后转而否定新文化运动，是复古派评论家的代表人物。为了挽回颓势，杨荫榆在章士钊的大力支持下于5月7日“国耻纪念日”（日本提出《二十一条》的日子）举办由校长主持的演讲会。演讲会因学生抗议而失败，先前被视为运动核心的刘和珍、许广平等六名自治会成员遭到退学。义愤填膺的学生们动用武力阻拦杨校长进入学校，斗争演变成激烈冲突。在上海，日本人经营的工厂发生了罢工期间罢工领袖被杀害的事件。5 月 30 日，上海工人和学生发起游行，示威抗议，其间又发生英国租界警察向游行队伍开火、打死十多人的“五卅惨案”，引发全国范围的抗议运动。在这种潮流之中，女师大的斗争成为在全国范围内与军阀政府直接对抗的重要一环。

在此期间，鲁迅不遗余力地积极支持学生。为了保护学生不被杨荫榆颠倒黑白的虚假宣传蒙蔽，不受其威胁，鲁迅与马裕藻、沈尹默、钱玄同、周作人等六位在女师大授课的北京大学教授联名发表《对于北京女子师范大学风潮宣言》。当学生们反过来被封锁在校内时，他又应学生们的请求住在学校，成为她们品行的见证者。对此，与胡适颇有关联的《现代评论》杂志（1924 年 12 月创刊）始终谴责学生，拥护杨荫榆，与鲁迅等人展开激烈论战。《现代评论》的作者们大多是曾留学欧美、思想西化的北京大学教授。不过，他们虽然主张“精神独立”，但同时也有思想上与传统共谋、政治上向军阀政府妥协的特点。他们主张学生静心读书便是救国，尤其反对学生参加反帝运动。在该杂志的《闲话》专栏上，针对女师大风潮发言最踊跃的是陈源。他一面假装公正中立，一面宣扬这场纷争是受鲁迅等人挑拨的结果，末了又对鲁迅进行毫无根据的诽谤，说鲁迅的《中国小说史略》剽窃日本东京大学教授盐谷温的《支那文学概论讲话》。本应水火不容的“现代评论派”与军阀政府及章士钊等人的联合，正是“古砖添新砖”的如实写照。

8 月，北京政府下令停办女子师范大学，将其改为国立女子大学，招收一般学生，并暴力驱赶固守在校内的 30 名学生。鲁迅、马裕藻、沈尹默等人与学生们组成校务维持会，在宗帽胡同租借房子作临时校舍，于 10 月正式开学，守护女师大的灯火。教员们都是无偿服务，运营费用则依靠募捐筹措。同月，鲁迅被革去教育部佥事的职位，理由是刻意违抗教育部行政律令，担任女师大校务维持会委员。许寿裳对此提出抗议，亦遭免职，后加入校务维持会。由于对鲁迅的处分上报于他被选为委员的前一天，鲁迅抓住这一点向平政院提起控诉，在法律范围内展开一场危急万分的审判斗争。在此期间，过度的紧张和疲劳让鲁迅复发肺结核，但他在频繁前往医院就医的同时仍没有停止授课。

11 月，推翻段祺瑞的运动在各地空前高涨，段祺瑞和章士钊去往天津。11 月 30 日，在国立女子大学学生代表的欢迎下，鲁迅、许寿裳等人带领（原）女师大的学生们徒步回到石驸马大街的学校主楼。这是他们自 8 月 19 日被迫离开校舍、时隔三个月后的凯旋。翌日，师徒合影纪念胜利，鲁迅为照片写了题辞。题辞融合了“修我甲兵，与子偕行”(《诗经 · 秦风 · 无衣》) 的诗句。借用目加田诚的翻译，可知意思是“修好战甲兵刃，二人同仇敌忾”。这句话淋漓尽致地表现出鲁迅能与“身外的青春”们一同战斗到底的喜悦之情。

“三一八”事件

1925年12月，段祺瑞政府宣布重办北京女子师范大学，由易培基接替章士钊任教育总长。翌年（1926）1月，女师大校务维持会推荐易培基任校长。新校长的欢迎大会由许寿裳主持，鲁迅作为校务维持会的代表，与学生自治会代表许广平致欢迎辞。教育部等不及平政院的正式裁决，便决定恢复鲁迅的职务（正式裁决在3月份），许寿裳等人也一并恢复原职。

这些措施的采取都发生在反对段祺瑞政府的群众运动不断壮大之际，运动似乎取得了彻底胜利。周作人在《语丝》杂志上提出“打落水狗”不太好，主张不要继续批判段祺瑞和章士钊（《失题》）。此时，人们都认为段祺瑞下野已成定局。紧接着，林语堂发表议论，认为在中国最不易得的就是“费厄泼赖”（Fair Play）的精神，中国“泼赖”的精神本就很少，“费厄”就更不必说了，因此我们必须努力贯彻这种精神，不应再对段祺瑞、章士钊发动个人攻击（《插论语丝的文体——稳健、骂人、及费厄泼赖》）。对于这些发言，鲁迅实在无法保持沉默。于是，在1月发行的半月刊《莽原》上登载了一篇著名的文章——《论“费厄泼赖”应该缓行》。

简而言之，鲁迅认为“打落水狗”也分几种情况，有必要看清这只狗是怎样的狗，以及它是如何落水的。倘若是咬人的狗，那么不管是在陆地上还是在水里，都在应打之列。狗的性格难以改变，只是因为觉得落水狗可怜便加以原谅，结果后来被它吃掉，在中国这种情况难道不是最多见的吗？鲁迅说，如果问我，难道就不需要“费厄泼赖”了吗？我可以即刻回答，当然需要，但还为时尚早，至少不能将“落水狗”和“落水人”混为一谈。

> 现在的官僚和土绅士或洋绅士，只要不合自意的，便说是赤化，是共产；民国元年以前稍不同，先说是康［有为］党，后说是革［命］党，甚至于到官里去告密，一面

固然在保全自己的尊荣，但也未始没有那时所谓“以人血染红顶子”之意。可是革命终于起来了，一群臭架子的绅士们，便立刻皇皇然若丧家之狗，将小辫子盘在头顶上。革命党也一派新气，——绅士们先前深恶痛绝的新气，“文明”得可以；说是“咸与维新”了，我们是不打落水狗的，听凭它们爬上来罢。于是它们爬上来了，伏到民国二年下半年，二次革命的时候，就突出来帮着袁世凯咬死了许多革命人，中国又一天一天沉入黑暗里，一直到现在，遗老不必说，连遗少也还是那么多。这就因为先烈的好心，对于鬼蜮的慈悲，使它们繁殖起来，而此后的明白青年，为反抗黑暗计，也就要花费更多更多的气力和生命。

因为官阶最高的一品官官帽上会用赤色珠玉做“顶珠”，所以“以人血染红顶子”意指以告密作为出人头地的手段，遗老是指前朝的遗臣，而遗少是鲁迅新造的词语，指那些无心讲取、思想仿佛遗老的年轻人。紧接着，鲁迅提到被杀的秋瑾和王金发。正如他自己所说的，“这虽然不是我的血所写，却是见了我的同辈和比我年幼的青年们的血而写的”(《写在〈坟〉后面》，1926)。从这篇文章中，可以看出鲁迅已然觉醒的现实主义，以及目睹许多流血后内心郁积的悲愤。

其后，鲁迅一面继续与“现代评论派”展开论争，一面开始写作后来收录于《朝花夕拾》的一系列回忆文章。前文提过，作为一部作品集，《朝花夕拾》通过一个人从幼年时期的家庭生活到辛亥革命的个人体验，生动反映了中国现代历史的沧桑巨变。这一时期，鲁迅的内心姑且挺过了充满危险的“彷徨”，开始渴望从根本上进一步明确自己的“生”在社会与时代之中的意义。然而，就在他写作《狗·猫·鼠》《阿长与〈山海经〉》这两篇作品时，爆发了血染北京执政府门前的“三一八事件”。此事的发生让《论“费厄泼赖”应该缓行》仿佛一个预言。

在当时的军阀之中，冯玉祥的国民军受到南方“国民革命”的影响，逐渐向国民党靠拢。同年 3 月发生了一起事件。受日本支持的奉系军阀张作霖与国民军发生纷争，日军迅速指挥军舰入侵天津港的大沽口，国民军对此予以还击。日本不但将此视为中国的“非法”行动，向段祺瑞政府提出抗议，而且联合英、美、法、意等七国发出最后通牒，要求国民军撤离天津和大沽口之间的区域。3 月 18 日，2000 多名北京市民、学生举行集会，高举“废除一切不平等条约”“恢复国家主权”“支持国民军”的标语，一路游行请愿至段政府国务院。途中待命的军警向游行队伍开火，造成47人死亡、150多人受伤的流血事件。

当女师大的学生到鲁迅家告知此事时，他正在撰写一篇批判“现代评论派”的文章，题为《无花的蔷薇之二》。死者中有两名女师大的学生——刘和珍和杨德群。听闻此事后，鲁迅愤怒地扔下写到一半的稿子。

已不是写什么“无花的蔷薇”的时候了。

虽然写的多是刺，也还要些和平的心。

现在，听说北京城中，已经施行了大杀戮了。当我写出上面这些无聊的文字的时候，正是许多青年受弹饮刃的时候。呜呼，人和人的魂灵，是不相通的。

……

如此残虐险狠的行为，不但在禽兽中所未曾见，便是在人类中也是极少有的……

中国只任虎狼侵食，谁也不管。管的只有几个年青的学生，他们本应该安心读书的，而时局漂摇得他们安心不下。假如当局者稍有良心，应如何反躬自责，激发一点天良？

然而竟将他们虐杀了！

……

这不是一件事的结束，是一件事的开头。

墨写的谎说，决掩不住血写的事实。

血债必须用同物偿还。拖欠得愈久，就要付更大的利息！

在这篇文章落款处，鲁迅写下了“三月十八日，民国以来最黑暗的一天，写”。此后数日，鲁迅因愤怒不吃不喝，沉默不语。事件之后，政府以集合“暴徒”的罪名将徐谦、李大钊、易培基等五人列入通缉名单。梁启超的研究系的机关报纸《晨报》及《现代评论》则摆出一副有识之士的姿态为政府开脱，批评带头者故意传达虚假信息，将群众引向“死地”，其罪行不亚于开枪者。25日，鲁迅参加了在女师大举行的刘和珍、杨德群追悼会。

在女师大风波中，刘和珍是以自治会主席的身份带头行动的学生，但她也是《莽原》的忠实读者，是一位态度温和、始终微笑的女性。杨德群为了救助中弹倒下的刘和珍等人遭到枪击。学生希望鲁迅为刘和珍撰写追悼文章，但鲁迅却怎么也下不了笔。“我只觉得所住的并非人间。四十多个青年的血，洋溢在我的周围，使我艰于呼吸视听，那里还能有什么言语？长歌当哭，是必须在痛定之后的。而此后几个所谓学者文人的阴险的论调，尤使我觉得悲哀。我已经出离愤怒了。我将深味这非人间的浓黑的悲凉；以我的最大哀痛显示于非人间，使它们快意于我的苦痛，就将这作为后死者的菲薄的祭品，奉献于逝者的灵前。”鲁迅写下这篇题为《记念刘和珍君》的追悼文，已是事件发生两周后的4月1日了。

> 我没有亲见；听说，她，刘和珍君，那时是欣然前往的。自然，请愿而已，稍有人心者，谁也不会料到有这样的罗网。但竟在执政府前中弹了，从背部入，斜穿心肺，已是致命的创伤，只是没有便死。同去的张静淑君想扶起她，中了四弹，其一是手枪，立仆；同去的杨德群君又想去扶起她，也被击，弹从左肩入，穿胸偏右出，也立仆。但她还能坐起来，一个兵在她头部及胸部猛击两棍，于是死掉了。
>
> ……
>
> 我向来是不惮以最坏的恶意来推测中国人的。但这回却很有几点出于我的意外。一是当局者竟会这样地凶残，一是流言家竟至如此之下劣，一是中国的女性临难竟能如是之从容。
>
> 我目睹中国女子的办事，是始于去年的，虽然是少数，

但看那干练坚决，百折不回的气概，曾经屡次为之感叹。至于这一回在弹雨中互相救助，虽殒身不恤的事实，则更足为中国女子的勇毅，虽遭阴谋秘计，压抑至数千年，而终于没有消亡的明证了。倘要寻求这一次死伤者对于将来的意义，意义就在此罢。

苟活者在淡红的血色中，会依稀看见微茫的希望；真的猛士，将更奋然而前行。

此前数日，《京报》上曝光了段祺瑞政府的第二份通缉名单，有近 50 人的通缉犯，鲁迅与许寿裳、马裕藻等人名列其中。在朋友们的建议下，鲁迅离家到《莽原》社避难，后转移至山本医院。在此期间，鲁迅依旧在北京大学和女子师范大学讲课。《记念刘和珍君》也写于这段时间。4 月，奉系军阀张作霖与直系军阀吴佩孚的联合军攻入北京，国民军则撤离此地。张作霖一到北京，就借取缔“赤化”的名目强化对国民党、共产党的镇压，致使“白色恐怖”横行。鲁迅转移至东交民巷的外国使馆区，藏身于一家德国医院，与许寿裳等人一同住在库房，夜里睡在水泥地上，后又转移到一家法国医院。尽管避难生活十分不自由，但鲁迅仍然坚持写作。

避难生活直到5月才暂告一段落。在这段紧张的时期，鲁迅写下了《二十四孝图》《五猖会》《无常》（收录于《朝花夕拾》）等作品。7月末，应先行到福建省厦门大学任文科主任的林语堂（原女师大教务长）的邀请，鲁迅也决定结束自己15年的公务员生涯，到厦门大学去。关于这一时期的情况，许广平是这样描述的。“因为个性都未必安分，而又不放心对方的独自作战，不知不觉地大有甘苦与共之心。而最能使战斗者气馁的，就是首先当计划到被围攻之后的生计困难。我们想：假使有半年的积聚，可以有支持几个月的生活费，那么，战斗起来必定更加减少顾虑。同时那久已厌倦了而又增添着不愉快的环境的北京，也是推使我们毅然离去的原因。所以在鲁迅先生接受了厦门大学的邀请之后，我也答应了广东省立女子师范母校的任职，我们在北京将别的时候，曾经交换过意见：大家好好地给社会服务两年，一方面为事业，一方面也为自己生活积聚一点必需的钱。”（《因校对〈三十年集〉而引起的话旧》）

根据研究，两人以某种形式确认彼此感情的时间大约是在女师大风潮期间的1925年7月、8月或10月。我想，至迟不晚于10月中旬，应该是许广平主动告白。同样苦于封建旧式婚姻、拥有共同理想的两人，即便他们在并肩作战的过程中逐渐互生情愫，亦无可厚非。然而，想要开启二人共同的生活，还有一个仅凭爱情无法解决的巨大困难。他们认为，“两年”是为了确认彼此能否克服这一困难所必需的时间。

8 月 26 日，二人从北京出发前往上海。对于这两人的未来，朱安有一种预感，却也只是默默送别。她一直侍奉鲁迅的母亲，守着西三条胡同的住所。鲁迅去世后，朱安一直照料鲁迅的母亲直至其故去（1943），她本人于 1947 年离开人世。

厦门、广州

孤岛

8月29日，两人抵达上海。9月1日他们分别登上开往厦门和广州的轮船，9月2日清晨离开上海。鲁迅在9月4日抵达厦门，许广平在9月6日抵达广州。

厦门湾内散落着金门岛等众多岛屿，厦门岛位于其中的最内侧，曾作为南洋华侨的根据地而繁荣一时。厦门大学由著名的南洋华侨领袖陈嘉庚出资建成，坐落在距离厦门繁华街区约六公里的郊外。尽管是个背山面海的风景名胜之地，然而几乎没有人家，交通十分不便。鲁迅在此地编纂了《华盖集续编》，在其中的《小引》中提到，“秋来住在海边，目前只见云水，听到的多是风涛声，几乎和社会隔绝”。

鲁迅担任厦门大学国文系教授兼国学研究院教授，负责声韵·文字·训诂专书研究、文学史和小说史三门课程。虽然专书研究因无人听讲而作罢，但其他的开讲课程在这里却是听者云集，据说听讲者中不仅有国文系学生，还有来自英文系、教育系，甚至法科和商科的学生。鲁迅为这门文学史课程编写的教科书，就是后来的《汉文学史纲要》。教学之余，鲁迅还会为学生的文学社团提供帮助，为他们审稿或投稿。

可是，在学校行政方面却有许多不愉快的事情。由于理科系的压制，新成立的国学研究院被削减预算，而作为文科主任的林语堂缺乏处理实务的能力和决断力，教员之间也被浓重的拜金主义思想支配。此外，胡适门下的历史学者顾颉刚不断通过人事操作巩固自身派系的行为，也令人难以忍受。鲁迅在致友人的信中说，“北京如大沟，厦门则小沟也，大沟污浊，小沟独干净乎哉？既有鲁迅，亦有陈源。……要做事是难的，攻击排挤，正不下于北京。”（《致章廷谦》，1926年10月）校方出于一种为了学校声名的拜金哲学，对教员的业绩要求严苛，但实际上却连出版经费都筹措不出。鲁迅在职期间计划出版的《汉画像考》和《古小说钩沉》，都不得不遭到搁置。10月中旬，他开始考虑这个学期结束就离开厦门。

在厦门期间，鲁迅写作了《朝花夕拾》后半部分的五篇作品（《从百草园到三味书屋》《父亲的病》《琐记》《藤野先生》《范爱农》）。除此之外，鲁迅将自己从留学时用文言文写的《人之历史》《摩罗诗力说》再到《论“费厄泼赖”应该缓行》等20年来的评论汇集成书，取名为《坟》并付梓。里面有许多评论文章，是在北京时朋友们为他收集、抄写的，许广平也是那些人之一。这两项工作令鲁迅时而安静时而激动地回顾了自己的人生。鲁迅住在图书馆二楼的一角。入夜，当学生和馆员回去后，偌大的建筑里只剩他一人。身后的石山上布满形似白点的坟冢，南普陀寺的琉璃灯仅发出一点黄色火光，南侧的凉台可见海天微茫、黑絮一般的夜色，它们向自己奔涌而来，便是这夜的工作。

《坟》一并收录了鲁迅文言体和白话体的文章。写完《朝花夕拾》后再编辑《坟》时的感慨，必定会让鲁迅涉及作为过渡性存在的自己。11月11日写作的《写在〈坟〉后面》一文，便是鲁迅对自己45年“生命”的一次总结。

新近看见一种上海出版的期刊，也说起要做好白话文须读好古文，而举例为证的人名中，其一却是我。这实在使我打了一个寒噤。别人我不论，若是自己，则曾经看过许多旧书，是的确的，为了教书，至今也还在看。因此耳濡目染，影响到所做的白话上，常不免流露出它的字句，体格来。但自己却正苦于背了这些古老的鬼魂，摆脱不开，时常感到一种使人气闷的沉重。就是思想上，也何尝不中些庄周［庄子］韩非［韩非子］的毒，时而很随便，时而很峻急。孔孟的书我读得最早，最熟，然而倒似乎和我不相干。大半也因为懒惰罢，往往自己宽解，以为一切事物，在转变中，是总有多少中间物的。动植之间，无脊椎和脊椎动物之间，都有中间物；或者简直可以说，在进化的链子上，一切都是中间物。当开首改革文章的时候，有几个不三不四的作者，是当然的，只能这样，也需要这样。他的任务，是在有些警觉之后，喊出一种新声；又因为从旧垒中来，情形看得较为分明，反戈一击，易制强敌的死命。但仍应该和光阴偕逝，逐渐消亡，至多不过是桥梁中的一木一石，并非什么前途的目标，范本。跟着起来便该不同了，倘非天纵之圣，积习当然也不能顿然荡除，但总得更有新气象。以文字论，就不必更在旧书里讨生活，却将活人的唇舌作为源泉，使文章更加接近语言，更加有生气。至于对于现在人民的语言的穷乏欠缺，如何救济，使他丰富起来，那也是一个很大的问题，或者也须在旧文中取得若干资料，以供使役，但这并不在我现在所要说的范围以内，姑且不论。

如前所述，在旧中国的社会，据说高达有百分之九十的人不具备文字读写能力。这就意味着，只有少数垄断文字的读书人才能支配和享受语言文化。语言是形成和表达思想的手段，因此目不识丁的人们便缺乏形成思想的重要途径。鲁迅自己在付出巨大牺牲之后，认识到缺乏生产承担者的参与而形成的思想和文化，是多么得扭曲畸形。正是这样一种畸形壮大的精致文化，导致了近代中国的衰落，使人们陷入生死存亡的危机。

鲁迅接着指出，自己心里也有写在古书上的可恶思想，他诅咒自己的这种思想，希望它不要出现在青年身上。古人说不读书便成“愚人”，确实如此。然而世界却正是由愚人建成的，“聪明人”，尤其是中国的“聪明人”是绝不能支撑世界的。由此可见，文言与口语的问题被视为读书人与民众之间的问题、中国的过去与未来的问题加以把握。这种问题的建构方式，是鲁迅从有别于《狂人日记》中单线式进化论的崭新立场出发的结果，令鲁迅得以直面流淌于自身内部的3000年消极历史。作为过渡性存在的自我认识，一方面是对自身文章（思想）变革的展望，另一方面建构了一种冷静的自我认识，即作为一个熟知旧阵营要害的人，他力求成为反击旧阵营的武器。这是鲁迅内心的觉悟。

鲁迅南下后不久，北京女子师范大学就遭到军阀政府的武力接管。与此相对，以蒋介石为总司令的国民革命军开始北伐，从广州出发，在各地民众的支持下一路顺利进军，10 月占领武汉，翌年（1927）1 月将国民政府迁至武汉。鲁迅的厦门生活几乎与这一时期重合。在此期间，鲁迅与许广平的往来书信（收录于《两地书》第二集）多达七八十封，他在信中时刻关注北伐进展，随处可见其忽喜忽忧的心境。

鲁迅此时开始考虑去广州，而广州是许广平的所在之地。不过，鲁迅当然并非只是出于这个理由，而是基于一种考量，即打算离开孤岛到广州去对“绅士”们加以打击，与创造社——1921 年由郭沫若、郁达夫、成仿吾等人组建的文学结社，成员大多是在广州的左倾人士——组成联合战线，向旧社会发起进攻。然而，此时发生的一件事让鲁迅对广州之行踌躇不定。《莽原》的高长虹以编辑韦素园打压向培良的稿件为由，引发内部纠纷，最终甚至开始攻击鲁迅。《莽原》是鲁迅为了培养无名青年，不辞辛劳创办的杂志。同人之中，高长虹的才能得到鲁迅的爱惜，换言之他是最受鲁迅瞩目的人物。据说鲁迅曾在校阅他的稿件时吐血。高长虹甚至污蔑鲁迅是“世故老人”“倒卧在青年脚下的绊脚石”。这让鲁迅重新对是否前往“做事”（鲁迅喜欢“做事”一词）的地方感到犹豫不决。

《写在〈坟〉后面》写于11月11日，这是广州中山大学给鲁迅送来聘任状的时间，也是许广平的书信送达的日子。许广平表示自己可能会离开纷争不断的广州女子师范学校，到汕头赴任。

许广平不在广州，让鲁迅更加犹豫苦恼。四日后，他向许广平诉说了自己的犹疑不决。鲁迅说自己在静夜中回忆往昔，觉得如今的社会大抵是可利用时竭力利用，可打击时则竭力打击，借自己的浮沉看他人的嘴脸变化尽管有益又有趣，但被自认为是伙伴的青年背叛着实令人激愤，因此对自己前进的道路感到迟疑。然后，鲁迅就三个选择向许广平征求意见。

> （一）死了心，积几文钱，将来什么事都不做，顾自己苦苦过活；（二）再不顾自己，为人们做些事，将来饿肚也不妨，也一任别人［伙伴］唾骂；（三）再做一些事，倘连所谓“同人”也都从背后枪击我了，为生存和报复起见，我便什么事都敢做，但不愿失了我的朋友。第二条我已行过两年了，终于觉得太傻。前一条当先托庇于资本家，恐怕熬不住。末

一条则颇险，也无把握［于生活］，而且又略有所不忍。所以实在难于下一决心，我也就想写信和我的朋友商议，给我一条光。(《两地书》七三)

第三条中的“朋友”指的是许广平。自己有妻子，虽说只是名义上的，而且自己已经四十五岁，而许广平比自己小十七岁，还是自己的学生。若选择与许广平结婚，二人容易在持续的斗争中受到社会上的各种攻击，也可以预料生活上的困难，而且他不忍许广平牺牲、受辱。这些大抵是鲁迅对于第三个选择的担忧。

许广平对此的回答没有任何犹豫。她对鲁迅说：“你的痛苦是在为旧社会而牺牲了自己。旧社会留给你苦痛的遗产（指他与朱安的婚姻），你一面反对这遗产，一面又不敢舍弃这遗产，恐怕一旦摆脱，在旧社会里就难以存身，于是只有甘心做一世农奴，死守这遗产……但我们也是人，谁也没有逼我们独来吃苦的权利，我们也没有必须受苦的义务的，得一日尽人事，求生活，即努力做去就是了。”(《两地书》八二）这是出色的爱的宣言。

然而，不愿牺牲许广平的顾虑牢牢地束缚着鲁迅。倘若没有某种契机，他就无法前进。最终成为这一契机的，是高长虹刊载于《狂飙》杂志上的诗歌《给——》。“我在天涯行走，太阳是我的朋友。月儿我交给他了，带她向夜归去。夜是阴冷黑暗，他嫉妒那太阳，太阳丢开他走了，从此再未相见。”高长虹单恋许广平，他进出鲁迅的家并非为了杂志，而是为了“月儿”。而且鲁迅在北京时，他没有表现任何敌对态度，但鲁迅去了厦门后，他便恶语相向。一想到这些，鲁迅就异常愤怒，但同时感觉抑制内心情感翻涌的盖子被揭开了，获得了一种解放感。这件事可说是一个微不足道的意外契机，但鲁迅对可能“牺牲”一位女性的担忧是如此强烈，以至于假如没有这种契机，他便无法解脱。

> 这是你知道的，单在这三四年，我对于熟识的和初初相识的文学青年是怎么样，只要有可以尽力之处就尽力，并没有什么坏心思。然而男的呢，他们自己之间也掩不住嫉妒，到底争起来了，一方面于心不满足，就想打杀我，给那方面也失了助力。看见我有女生在座，他们便造流言。这些流言，无论事之有无，他们是在所必造的，除非我和女人不见面。他们大抵是貌作新思想者，骨子里却是暴君酷吏，侦探，小人。如果我再隐忍，退让，他们更要得步进步，不会完的。我蔑视他们了。我先前偶一想到爱，总立刻自己惭愧，怕不配，因为也不敢爱某一个人，但看清了他们的言行思想的内

幕，便使我自信我决不是必须自己贬抑到那么样的人了，我可以爱！(《两地书》一一二)

这封信写于1927年1月11日，当时鲁迅已于前一年年底正式辞去厦门大学的职务。16日，鲁迅与跟随他转学至中山大学的三名学生同行，乘轮船前往广州。

如前所述，鲁迅在《狂人日记》中建构了一种进化论——将世代笼罩在他们身上的黑暗遏制在自己这一代，让自己成为此后“新人”的牺牲。从鲁迅与朱安的婚姻可见，鲁迅之所以选择这种态度，其中一个契机是其个人体验（当然这种体验并非仅是他一人的经历）产生的耻辱意识，即作为旧社会的一员，“难见真的人”的自我认识。鲁迅这种放弃“爱”的生存方式，换言之就是将生命完全寄托在自己的过渡性之上。这种生存方式与鲁迅内心难以抑制的“生命的一次性”产生剧烈摩擦，生存于这种摩擦之中，便是鲁迅内心的“彷徨”。与许广平之间的爱情成真，让“彷徨”的鲁迅从过去的魔咒中解脱，使其收复当下。鲁迅终于踏入一个新的战场，他可以在这里同时实现生命的一次性与过渡性。

革命的策源地

1927年1月16日，鲁迅从厦门出发，途经香港，于1月18日抵达广州。孙文死后，为了纪念他，原广东大学改组、扩建为中山大学。起初，创造社的郭沫若担任文学院院长，郁达夫、成仿吾等人任教授，不过此时郭沫若已作为国民革命军总政治部副主任参加北伐，郁达夫和成仿吾也已离开广州。

鲁迅被任命为文学系主任兼教务主任，负责文艺论、中国文学史和中国小说史三门课程。他原计划开设中国字体变迁史课程，但未能实现。鲁迅和经他推荐聘为教授的许寿裳一起住在中山大学钟楼二层的一间房里，权当是宿舍。许广平也被正式聘任为鲁迅的助手。

当时的中山大学实行委员会制度，国民党右派人士戴季陶任委员长，同是右派的朱家骅在委员会中有很大的发言权。不过，据说极力推荐聘任鲁迅的是中国共产党广东区委员会，党委员会派中山大学学生毕磊与鲁迅接触。毕磊时常拜访鲁迅，向他赠送共产党和共产主义青年团的刊物。然而，当时广州国民党的实权已转移至右派手中，前来接触鲁迅的人关系错综复杂。来到广州后，鲁迅的周遭突然变得忙碌起来。频频有人请他讲演，他在钟楼的房间直到夜里仍不断有访客前来。此外，作为教务主任的工作也相当繁重，鲁迅一方面被视为“名士”和“战士”，另一方面又必须处理繁杂的实务。

鲁迅在中山大学重开（由于改组曾闭校一学期）之际致辞，他说孙中山一生致力于国民革命，留下中华民国作为纪念，也留下了“革命尚未成功”的遗言，曾经的“革命策源地”如今是革命的“后方”，希望青年们要永远记得“前线”，思考在“后方”静心学习、研究的意义与责任（《中山大学开学致语》，1927）。由此可见鲁迅是如何思考自己作为中山大学教授的责任。鲁迅屡次在给熟人的信中说：“我是来教书的。”在作为革命“后方”动辄就容易忘乎所以的氛围中，鲁迅希望广州的学生们在静心埋首于学问研究的同时，成为让革命精神如日光般弥漫的学者。此外，他看到广州在文艺上是一块未开垦的土地，于是自己出资开办北新书屋，方便青年们购买书籍。

由于钟楼位于校内且访客甚多，夜里还会有猫一样大的老鼠在室内窜来窜去，所以3月末，鲁迅和许寿裳便在市内东堤白云路的白云楼二层租了几间房，搬了过去。许广平此时也搬过来，住进其中的一间。鲁迅他们在应对只懂粤语的女工时束手无策，于是请来广州出生的许广平帮忙，但这同时也意味着二人决心积极面对社会流言的态度。不过，从二人与许寿裳同住可以看出，他们对结婚仍持慎重态度，为此设置了过渡期。迁居后不久，鲁迅完成了他在厦门时就一直构思的小说《铸剑》(原名《眉间尺》)。

《铸剑》取材于干将莫邪复仇的传说，该传说收录于《列异传》(魏·曹丕)和《搜神记》(晋·干宝)等古代小说集。首先根据《搜神记》来概述一下传说的内容。

楚国铸剑师干将莫邪受楚王之命，耗时三年打造了一对宝剑。铸剑师预感自己将被楚王杀死，便将雌雄二剑中的雄剑藏起，只带雌剑觐见楚王。楚王从相士的占卜得知剑有雌雄一对，便杀死铸剑师。铸剑师的妻子当时有孕在身，她在孩子长大后，告知其父的遗言，并掘出埋藏的雄剑。孩子因眉宇间有一尺宽而被叫做眉间尺，他日夜渴望报仇。

某夜，王梦见眉间尺要斩杀自己，便悬赏千金搜捕。眉间尺逃到山中，一名旅人在他高歌时经过，问其缘由。眉间尺告知自己的志向，旅人说："若给我你的头与剑，我便帮你斩杀仇敌。"眉间尺立即拿起手中的剑砍掉自己的头颅，双手拿着头与剑交给旅人，听到旅人说"我不会背叛你"后，才扑通一声倒地。

旅人拿着眉间尺的头颅去找王。王非常欣喜。旅人让人准备大锅，将眉间尺的头颅放入翻滚的沸水。头颅三天三夜都没煮烂，从沸水中一跃而起，赫然怒视。"这头煮不烂，若王能更靠近一些，必定能煮烂。"王一挨近，旅人就迅速拿剑砍向王的头。王的头颅落入沸水，旅人又用剑砍下自己的头。三个头颅都煮烂了，分不清谁是谁。大臣们将煮烂的碎肉分成三份下葬，取名三王墓。

据《吴越春秋》佚文，眉间尺的头和王的头在沸水中互相撕咬，旅人见眉间尺处在下风，就砍下自己的头。这是一个骇人听闻的复仇故事，或许是因为古代人民对暴戾君王的怨恨不断积蓄才会产生、流传这样的传说。

小说《铸剑》除了插入一段眉间尺和旅人——被称为"黑色人"——唱的怪异情歌外，基本沿袭了上述梗概，不过作品为王、眉间尺、黑色人分别赋予了鲜明的个性。王是一个猜疑心重、个性残忍的暴君，他并不知铸剑师藏匿雄剑，但他不能让铸剑师造出一把与自己的剑相同或是更好的剑，于是杀之。

眉间尺是一名优柔寡断的青年，他抓住扰人安眠的老鼠后，却连杀老鼠都犹豫不决，即便下定决心复仇，也无论如何改变不了自己的性格。黑色人身上的复杂暗影让人联想到《孤独者》中的魏连殳，鲁迅用曾经的笔名之一——宴之敖者为其命名，不知是不是一种讽刺性的恶作剧。当黑色人要求眉间尺交出剑与头，眉间尺犹豫片刻后问黑色人为何要帮自己复仇，黑色人这样回答。

> “我一向认识你的父亲，也如一向认识你一样，但我要报仇，却并不为此。……你还不知道么，我怎么地善于报仇。你的［敌人］就是我的［敌人］；［敌人］他也就是我。我的魂灵上是有这么多的，人我所加的伤，我已经憎恶了我自己！”

接下来的内容与原本的传说几乎一样。

> 暗中的声音刚刚停止，眉间尺便举手向肩头抽取青色的剑，顺手从后项窝向前一削，头颅坠在地面的青苔上，一面

将剑交给黑色人。

从这位黑色人的话语中，可以看到此前在《写在〈坟〉后面》中提到的作为过渡性中间物的生存方式。换言之，黑色人也是如此，他一面诅咒自己体内的旧思想，凝视着那条道路通往埋葬自己的坟冢，一面作为旧阵营出身的战士，决心向曾熟知的旧阵营的要害奋力一击。然而，由于是中间性的存在，所以他无法独自完成复仇。或许可以说，黑色人的复仇与此前魏连殳（《孤独者》）走向自我毁灭的倒错复仇，两者之间的根本性差异在于是否存在可以从容砍下自己头颅的青年眉间尺。二者在复仇寄寓的意义上存在微妙差异。向共同的敌人发起壮烈进攻，是小说《铸剑》的主题。煮至翻滚的大鼎之中，三颗头颅展开了异常激烈的战斗，最后结束时，“黑色人和眉间尺的头也慢慢地住了嘴，离开王头，沿鼎壁游了一匝，看他可是装死还是真死。待到知道王头确已断气，便四目相视，微微一笑，随即合上眼睛，仰面向天，沉到水底里去了”。

青年时期，在清朝的统治下，鲁迅仰慕越王勾践，被拜伦、密茨凯维奇和裴多菲的复仇故事吸引。1925 年之后，复仇这一主题在他的脑海中再度浮现。从这时起，朋友们为辛亥革命献身的身影便又一次屡屡浮现在眼前，为“三一八”惨案牺牲者感到的悲痛令他几乎无法呼吸，这些最终凝结成这篇《铸剑》。鲁迅一方面经历了《写在〈坟〉后面》呈现的沉思与自省，另一方面因担忧会“牺牲”他人而束手束脚。而许广平像鲁迅“先前那样以为‘自所甘愿，即非牺牲’”(《两地书》九二，1926 年 12 月 16 日)。可以说，这是一个直到鲁迅决心与许广平步入爱河之后才被解放的世界。因为许广平向鲁迅展现的，恰恰正是“身外的青春”(《希望》)在自身之外名副其实地独立，是他们凭借自己的选择与决心献出“头颅”的形象。由此，可以在鲁迅身上看到个人与社会、个人与历史之间的深刻关联。与朱安的婚姻、与许广平的爱情，前文已数次提及这些看似完全个人的私事是如何与鲁迅思想上的根本问题密切相关的，而《铸剑》的世界宣示了鲁迅凭借与许广平的爱情，走出单方面为了年轻一代的“自我牺牲”(这是他的“进化论”)，步入一条与他们相互联结的崭新道路。可以认为，这部作品的问世意味着鲁迅的“彷徨”已基本终结。

这一年 3 月 22 日上海解放，24 日南京解放。在广州，人们举行庆祝解放的盛大庆典。然而，鲁迅对现实的清晰认识，让他应邀向报纸投稿时，不得不写出下面的话语。“庆祝和革命没有什么相干，……庆祝，讴歌，陶醉着革命的人们多，好自然是好的，但有时也会使革命精神转成浮滑。革命的势力一扩大，革命的人们一定会躲起来。统一以后，我恐怕研究系也要讲革命。去年年底，《现代评论》，不就变了论调了么？和‘三一八惨案’时候的议论一比照，我真疑心他们都得了一种仙丹，忽然脱胎换骨。”“小有胜利，便陶醉在凯歌中，肌肉松懈，忘却进击了，于是敌人便又乘隙而起。”“广州是革命的策源地，因此也先成为革命的后方，因此也先有上面所说的危机。”(《庆祝沪宁克复的那一边》) 在这篇文章被写作、印刷的短暂时间里，发生了一起让“国民革命”彻底变质的大事件。

4 月 12 日，蒋介石在上海发动政变，对自力更生解放上海的工人和共产党员进行大规模镇压，三日间杀害 300 多人，逮捕 500 多人，超过 5000 人下落不明（“四一二”政变）。4 月 15 日，政变蔓延至广州，仅广东省就有 2000 多人遭杀害。中山大学有 40 多名学生在这一天被逮捕。毕磊也在其中，当日即遭杀害。

身为教务主任的鲁迅召开紧急主任会议，主张对学生负责的大学不应对军队入校逮捕大量学生坐视不管，提出应该努力营救学生。朱家骅表示反对，他说学校不能干涉政府事务。鲁迅再三劝说，表示在“五四”期间所有人都曾努力营救被捕学生，当时朱家骅和傅斯年（文学院院长，“五四”时期曾是《新潮》杂志的领袖）作为北京大学的一员不也参与其中吗？然而朱家骅的回答是，中山大学既然是国民党的学校，就应该遵循国民党的指示。鲁迅的意见未被采纳，4 月 21 日，他向中山大学递交了辞呈。许寿裳、许广平二人也同时辞职。朱家骅等人利用学生们尽力挽留，直到 6 月 6 日才最终接受他的辞职。

当时在广州的日本新闻联合社（共同通讯社的前身）记者山上正义记录了他 5 月 6 日在白云楼拜访鲁迅时的情景。“刚好有一群工会的纠察队，举着工会旗和纠察队旗，吹着小号从窗子里望得见的大街上经过。……鲁迅目视工会纠察队走过，说：‘真不知耻！直到昨日还在高喊共产主义万岁，今天就四处搜捕共产主义一派的工人。’他这么一说，我才知原来这一队是右派工会的工人，他们充当警察局的喽啰，正在搜捕左派的工人。鲁迅的评语只令人感到冰冷、阴暗和近乎绝望。”（《谈鲁迅》）

鲁迅在白云楼闭门不出，在西晒的一间房里整理旧作度日。桌上盛水的盆里，“水横枝”正伸展着嫩绿的小小枝叶。水横枝，是指水中栽培的栀子。这段时间，鲁迅整理了散文诗集《野草》、回忆文集《朝花夕拾》、《唐宋传奇集》等作品。《野草》的《题辞》写于 4 月 26 日。

生命的泥委弃在地面上，不生乔木，只生野草，这是我的罪过。野草，根本不深，花叶不美，然而吸取露，吸取水，吸取陈死人的血和肉，各各夺取它的生存。当生存时，还是将遭践踏，将遭删刈，直至于死亡而朽腐。

我自爱我的野草，但我憎恶这以野草作装饰的地面。

地火在地下运行，奔突；熔岩一旦喷出，将烧尽一切野草，以及乔木，于是并且无可朽腐。

但我坦然，欣然。我将大笑，我将歌唱。

为我自己，为友与仇，人与兽，爱者与不爱者，我希望这野草的死亡与朽腐，火速到来。要不然，我先就未曾生存，这实在比死亡与朽腐更其不幸。

在另一篇文章中，鲁迅将《野草》中的各篇文章称为“地狱边沿的惨白色小花”(《〈野草〉英文译本序》)。从这篇《题辞》中，不仅能解读出鲁迅对自己的生命及其孕育的“野草”的怜爱，还能看到他对“野草”腐朽的强烈渴望，以及对催生“野草”的世间的深深憎恶。

6月初，许寿裳前往上海，但鲁迅并未动身。7月，鲁迅在广州市教育局主办的暑期学术讲座上，做了两场题为《魏晋风度及文章与药及酒之关系》的演讲。一般认为这是国民党政府对鲁迅的试探，将鲁迅引出来并观察他的反应，一有借口就立刻打压。在这篇标题很长的演讲中，鲁迅延续了自己只写到汉代中期便中断的中国文学史，呈现出中国文学史上激越灵动的一鳞半爪。演讲时，鲁迅在幽默之中夹杂着自身的愤懑，纵情讲述了魏晋的文人们——被杀害的孔融、祢衡、何晏、王弼、嵇康，险些丧命的阮籍、刘伶等人——如何在残酷的暴政下生存，在那个借"礼教"之名肆意打压的时代，生存于其中的"礼教"破坏者们实际上是何等重视"礼教"。最终此次演讲没有授人以打压的话柄。在广州直面的屠杀事件，虽然令鲁迅陷入恐惧与苦闷，但也正是这次"血的教训"让人感觉他的"进化论"遭到根本性的破坏。

> 我的一种妄想破灭了。我至今为止，时时有一种乐观，以为压迫，杀戮青年的，大概是老人。这种老人渐渐死去，中国总可比较地有生气。现在我知道不然了，杀戮青年的，似乎倒大概是青年，而且对于别个的不能再造的生命和青春，更无顾惜。……血的游戏已经开头，而角色又是青年，并且有得意之色。我现在已经看不见这出戏的收场。(《答有恒先

生》，1927）

现在倘再发那些四平八稳的“救救孩子”似的议论，连我自己听去，也觉得空空洞洞了。（同上）

9月27日，鲁迅在许广平的陪伴下离开广州，乘轮船去往上海。

上海

“且介”文学

1927年10月3日，鲁迅抵达上海。25年前他离开这片土地前往日本，如今他和许广平在横浜路景云里组建了新的家庭。

随着7月份国共合作的破裂，武汉政府的垮台，4月以来各地不断爆发的“暴力肃清”暂告一段落。参与南昌起义的朱德等人不久后与毛泽东等人在江西省的井冈山汇合，开始建设苏维埃根据地。与此相对，国民党左右两派合流，在南京建立国民政府，翌年（1928）4月再次开始北伐，并于6月驱逐奉天系军阀张作霖，占领北京（此时改称为北平），完成北伐运动。由此，南京政府便自称为中华民国中央政府。然而，国民政府能够顺利北伐，依靠的是江浙财阀的支持，以及帝国主义列强和封建军阀的妥协，即便称国民政府为“新军阀”也无可厚非。历史进入了国民政府与中共以江西省为中心的苏维埃根据地针锋相对的时代。

比鲁迅先行离开广州的许寿裳当时在南京政府下属的大学院（教育部）做秘书。在许寿裳及院长蔡元培的努力下，鲁迅被聘为特约撰述员，确保每月有300元收入（1931年，鲁迅因遭到国民党浙江省党部的通缉而被解除职务）。景云里靠近当时位于四川北路魏盛里的内山书店（后搬到四川北路尽头的施高塔路），鲁迅去店里购书时与店主内山完造相识。二人迅速成为增田涉口中的至交好友。增田涉说：“内山是鲁迅生命的守护者，如果没有内山，鲁迅晚年的行动……由于周遭的危险而受到极大束缚，说不定会变成另一番模样。”(《鲁迅的印象》)

国共分裂后，参与过国民革命的文学家们陆续从各地聚集到租界所在的上海。创造社的郭沫若、后来组建太阳社的蒋光赤与鲁迅等人一致同意《创造周报》复刊。可广告登出时，却发生了意想不到的事态。创造社的年轻成员们主张转向新革命文学，强调无产阶级意识。创造社采纳了这一主张并开始对鲁迅、茅盾等知名作家大加批判，太阳社也紧随其后。他们抛出“醉眼陶然”“封建余孽”等一连串辱骂性的话语，但鲁迅、茅盾等人丝毫没有退缩。这便是名为“革命文学论争”的论战。面对国共分裂后的新形势，创造社主张增强革命文学的主体性，要求纯粹化，但理论水准较低，最重要的在于它是一种对现实中国考察不足的唯心观念。鲁迅的批判也主要针对这一点。通过这场论战，鲁迅本人也开始热衷于马克思主义及其文艺理论的研究。

1928年，鲁迅与青年柔石等人一同创建朝花社。该社主要从事东欧、北欧文学的介绍和国外版画的引进，为此还出版了杂志《朝花旬刊》、介绍国外绘画和版画的丛刊《艺苑朝花》，以及《近代世界短篇小说集》。“只要能培一朵花，就不妨做做会朽的腐草”，就是《近代世界短篇小说集》序言中的一句。这套书虽然只出过两集，却收录了比利时、捷克斯洛伐克、法国、匈牙利、俄国（苏联）、南斯拉夫、西班牙等多地的小说。鲁迅说，这是为了在中国培育“刚健质朴的文艺”。翌年，鲁迅与经柔石介绍认识的冯雪峰协力着手出版《科学的艺术论丛书》。鲁迅翻译了普列汉诺夫的《艺术论》、卢那察尔斯基的《文艺与批评》（分别重译自外村史郎和升曙梦的译本）。鲁迅说：“我从别国里窃得火来，本意却在煮自己的肉的，以为倘能味道较好，庶几在咬嚼者那一面也得到较多的好处，我也不枉费了身躯。”（《“硬译”与“文学的阶级性”》，1930）

1929年5月，鲁迅将怀孕的许广平留在上海，前往北平（北京）探望母亲。在这 24 天里，两人各自写了 11 封书信，这便是《两地书》的第三集。9 月 27 日，许广平生下一个男孩，取名“海婴”，意为在上海诞生的婴儿。

1929 年是国民党政府对文化界的镇压变本加厉的一年，2 月，创造社被勒令解散。另一方面，以“现代评论派”为中心的文学杂志《新月》提倡艺术至上主义，强化了反对革命文学的趋势，因此“革命文学论战”渐渐平息，左翼内部的统一势头高涨。1930 年 2 月，为了反对国民党政府对思想、言论、集会、结社的镇压，“中国自由运动大同盟”成立，鲁迅是发起人之一。紧接着 3 月，中国左翼作家联盟（简称“左联”）成立，鲁迅在成立大会上发表了演讲《对于左翼作家联盟的意见》，并当选为常务委员。鲁迅因此受到国民党浙江省党部的通缉，独自在内山完造家中避难一个月。5 月，鲁迅用假名搬到了四川北路的拉摩斯公寓三楼。公寓是内山完造介绍的，位于日本海军陆战队司令部的斜对面，内部没有其他中国住户。

1931 年 1 月，发生了柔石、胡也频、冯铿（女）、殷夫、李伟森等五位“左联”作家被捕的事件。当月从莫斯科归来的王明掌握了中共的指导权，并确定了后来被称作“王明路线”的极左路线。江苏省委员会的何孟雄等人召开反对王明的秘密会议，柔石等人正是在参加这次会议时被国民党特务闯入抓捕的。这起事件在中国共产党的历史上也是一个谜团，总之是有人告密导致的。由于柔石手里有鲁迅与某家书店的契约书，因此传出鲁迅也将被捕的流言，于是1月20日经内山完造的介绍，鲁迅、许广平、一岁半的周海婴和女佣一起到一家日本人经营的旅馆（出租屋）避难。此时，鲁迅被捕或被杀的谣言四起。鲁迅等人营救的努力无果，柔石等23人还是在2月7日至8日遭秘密处决。

鲁迅他们不得不在此次避难中迎来农历新年。经过40日左右的避难生活，鲁迅回到家中时已是2月28日。4月，他与冯雪峰合作出版了“左联”机关刊物《前哨》，首期定为《战死者纪念专号》，国民党政府对这一事件采取严格的言论管制，因此这份杂志属于甘冒危险的地下出版物。两年后，鲁迅在纪念柔石的一篇文章（《为了忘却的记念》）中，引用了自己在花园庄创作的一首律诗。

惯于长夜过春时，
挈妇将雏鬓有丝。
梦里依稀慈母泪，
城头变幻大王旗。

忍看朋辈变新鬼，
怒向刀丛觅小诗。
吟罢低眉无写处，
月光如水照缁衣。

鲁迅说，柔石是一个“无论从旧道德，从新道德，只要是损己利人的，他就挑选上，自己背起来”的青年。文章的结尾写道，“这是怎样的世界呢。夜正长，路也正长，我不如忘却，不说的好罢。但我知道，即使不是我，将来总会有记起他们，再说他们的时候的。”

这一年 8 月，鲁迅借美术教师内山嘉吉（内山完造的弟弟）到访上海的机会，请他为一八艺社（木刻社团）的成员们举办为期一周的讲习班，自己担任翻译。木刻是在鲁迅的提倡下迅速普及的一个领域，它取得的成就在中国现代美术界首屈一指。这一年，刚刚从东京大学文学部中国文学科毕业的增田涉，经内山完造的介绍与鲁迅相识，听鲁迅讲授《呐喊》《中国小说史略》等作品。自 3 至 12 月末回国的十个月时间里，增田涉几乎每天下午都会在拉摩斯公寓的鲁迅家待上几个小时。增田涉写道：“因为逮捕令的缘故，他［鲁迅］没有走到唯一一扇临街的窗户前，以免别人得知他住在这里。上海的夏天很热。到了休息时，我会拿一把椅子坐到窗前乘凉，同时俯看街上的往来车马以消除疲惫，但他绝不会靠近窗边，总是坐在离窗约三尺远的里面，防止有人从楼下街道仰头望见自己的身影。"(《鲁迅的印象》)据增田涉说，此时鲁迅一个月的必需花销是400元，其中生活费200元，购书款100元，寄往北京的生活补贴100元。增田涉与佐藤春夫合译的《鲁迅选集》(岩波文库)出版于1935年，同年赛棱社（Siren，东京）也出版了《支那小说史》，装帧精美得令原作者惊叹。

同样是在1931年，"九一八"事变爆发，日本开始直接以武力侵略中国。国民政府对此采取不抵抗政策，只是向国际联盟提起控诉，还容许翌年（1932）3月"伪满洲国"的成立。这一年，鲁迅等人严厉批判作为国民党御用文学的法西斯"民族主义文学运动"，挫败了国民党政府在文学上的野心。

1932年1月28日，上海爆发了"一·二八"事变。面对日本海军陆战队，中国的十九路军顽强抵抗，战争持续了三个月。由于拉摩斯公寓遭到枪击后受到日军的搜查，鲁迅仅带了寝具和几件衣物便到内山书店躲避，但日本自警团横行霸道，十分凶险，于是数日后鲁迅就转移到内山书店在英租界的一家分店，在那里待了一个多月。其后，鲁迅一家因周海婴得麻疹而转移到大江饭店，此次避难时间长达50天，回家时已是3月19日，在内山书店的生活尤为紧张，“呆蹲在楼上斗室中，照顾着孩子们［鲁迅三弟周建人的家人也在一起］不声不响，不哭不闹地度日如年。而耳边的枪炮声，街头沙袋堆旁边守卫［日本人］踱步声……历历可闻”（许广平，《鲁迅回忆录》）。

这一年4月，鲁迅先后编纂《三闲集》和《二心集》，并撰写序言。前者收录鲁迅1927至1929年的杂文，后者收录其1930至1931年的杂文。“二心”是“臣无二心”的“二心”，是鲁迅对自己出身阶级的反叛宣言。关于离开广州来到上海后的思想变化，鲁迅写道：“只是原先是憎恶这熟识的本阶级，毫不可惜它的溃灭，后来又由于事实的教训，以为惟新兴的无产者才有将来。”（《二心集序言》，1932）

这一年，胡秋原、苏波等人与“左联”发生论争，他们自称“自由人”或“第三种人”，对左翼的文艺批判大加指责。“左联”内部，尤其是鲁迅文笔犀利地批判了他们，批判他们只批评左翼却为四处打压的国民党政治开脱的软弱自由主义，以及因惧怕左翼批评而不能直抒胸臆的廉价文学精神。同时，鲁迅也批判了“左联”内部鲁莽幼稚的病态倾向——以为向对方抛出低劣的辱骂和恐吓就是斗争。

11 月，鲁迅去北京探望病中的母亲，12 月，编辑自己与许广平的往来书信集《两地书》并作序，序言中说，“回想六七年来，环绕我们的风波也可谓不少了，在不断的挣扎中，相助的也有，下石的也有，笑骂诬蔑的也有，但我们紧咬了牙关，却也已经挣扎着生活了六七年了。……我们以这一本书为自己记念，并以感谢好意的朋友，并且留赠我们的孩子，给将来知道我们所经历的真相，其实大致是如此的。”

1933 年 1 月，蔡元培、宋庆龄（孙文遗孀）、杨铨、林语堂等人发起的“中国民权保障同盟”将鲁迅选为上海分会的执行委员。该同盟旨在竭力反对非法拘禁、拷问、杀害政治犯，争取结社、集会、言论的自由及权利，是当时中国最井然有序的自由主义者团体。5 月，左联作家丁玲（女）、潘梓年失踪，蔡元培等人竭力营救，但仍下落不明。6 月，“民权保障同盟”的干部杨铨被国民党特务暗杀。鲁迅冒着生命危险出席他的葬礼。此外，小林多喜二去世之际，鲁迅代表“左联”发去唁电，并为他的遗属发起募捐活动。

这一年 4 月，鲁迅迁居至施高塔路的大陆新村。国民政府加强对言论的打压，强化审查力度。鲁迅将 1933 年上半年的杂文整理成《伪自由书》，将下半年的杂文编为《准风月谈》，但这些文章都是在使用诸多笔名躲避审查的情况下才得以发表。鲁迅称这些文章是“压在大石下面却曲曲折折生长的植物”和“上了镣铐的跳舞”，将其作为“感应的神经”和“攻守的手足”，不屈不挠地持续写作。7 月，由瞿秋白编纂的《鲁迅杂感选集》出版。瞿秋白遭王明等人夺取中共的领导地位后，主要从事“左联”的工作。“左联”内部对鲁迅及其笔下的杂文褒贬不一，因此瞿秋白的书是他尝试科学评价鲁迅的结果。瞿秋白在序言中高度评价鲁迅，称他将辛亥革命以来的革命传统带入新的革命阵营，是宝贵“诤友”（能劝诫错误的朋友）。

国民党政府采取“攘外必先安内”的政策，比起对抗占领东北地区、深入入侵华北地区的日军，国民党政府优先考虑的是“剿灭”江西苏维埃根据地。1933 年 10 月，国民党发动第五次大规模“围剿”，又于翌年（1934）2 月开展以儒教伦理为依据的“新生活运动”，掀起“文言复兴”风潮。鲁迅利用自己在文字史、文化史方面的渊博学识撰写《门外文谈》，通俗易懂地阐述文字的起源与变迁、汉字的特征与缺点、文字与民众的关系等内容，拥护大众语和新文字拉丁化的主张。与此相对，鲁迅凭借描绘实干的反战论者墨子的历史小说《非攻》（1934），以及取材于大禹治水传说的《理水》（1935）等作品，展现了“中国的脊梁”之所在。

然而，1933 年 12 月冯雪峰前往江西苏维埃根据地，紧接着

1934 年 1 月瞿秋白也离开了上海，致使鲁迅和“左联”的关系疏远，发生了一些分歧。1934 年 10 月，江西苏维埃根据地的中央红军未能突破国民政府发动的第五次大规模“围剿”，被迫转移，踏上了著名的“长征”之路。2 月，因病未能参加长征的瞿秋白在福建省内被抓，6 月遭到处决。鲁迅开始搜集瞿秋白的遗作。尽管最终只出版了两册瞿秋白的译文集《海上述林》，但鲁迅出版瞿秋白的作品，既是出于“纪念”，也是在表示一种“抗议”和“示威”。

1934 至 1936 年的鲁迅杂文被统称为“且介亭杂文”（1934 年另有部分杂文收录于《花边文学》）。“且介”是“租界”两个字各取一半的结果，意为“半租界”。据说，鲁迅的居所，同时也是内山书店所在的闸北四川北路一带（虹口）虽然不是租界，但有很多日本人居留，因此曾被戏称为“日本租界”。“且介”这一新造词，指的就是这种不伦不类的区域。

1935 年 11 月 9 日，一名日本水兵遭人暗杀。不少中国人害怕日军报复，纷纷逃到英租界避难。11 月 14 日晚，鲁迅在万籁俱寂的家中静心阅读女作家萧红的作品《生死场》，以将其作为《奴隶丛书》系列中的一册付梓。萧红是一位流亡作家，从已变成“伪满洲国”的故乡东北逃来上海。《生死场》描绘了日本占领下的东北地区挣扎在生死边缘的人们。由于国民党政府的言论管制，这部作品不可能公开发表。《奴隶丛书》是经鲁迅等人之手发行的一系列地下出版物。

1936年2月，当日本改造社社长山本实彦向鲁迅约稿时，鲁迅自然而然想起了日本水兵事件后的寂静，于是撰写了一篇日语文章《我要骗人》。倘若有人想要研究“半租界”文学，那么这篇文章或许是最适合阅读的。尽管全文篇幅稍长，但我还是决定引用如下。

疲劳到没有法子的时候，也偶然佩服了超出现世的作家，要模仿一下来试试。然而不成功。超然的心，是得像贝类一样，外面非有壳不可的。而且还得有清水。浅间山边，倘是客店，那一定是有的罢，但我想，却未必有去造“象牙之塔”的人的。

为了希求心的暂时的平安，作为穷余的一策，我近来发明了别样的办法了，这就是骗人。

去年的秋天或是冬天，日本的一个水兵，在闸北被暗杀了。忽然有了许多搬家的人，汽车租钱之类，都贵了好几倍。搬家的自然是中国人，外国人是很有趣似的站在马路旁边看。我也常常去看的。一到夜里，非常之冷静，再没有卖食物的小商人了，只听得有时从远处传来着犬吠。然而过了两三天，搬家好像被禁止了。警察拚死命的在殴打那些拉着行李的大车夫和洋车夫，日本的报章，中国的报章，都异口同声的对于搬了家的人们给了一个“愚民”的徽号。这意思就是说，其实是天下太平的，只因为有这样的“愚民”，所以把颇好的天下，弄得乱七八糟了。

我自始至终没有动，并未加入“愚民”这一伙里。但这并非为了聪明，却只因为懒惰。也曾陷在五年前的正月的上海战争——日本那一面，好像是喜欢称为“事变”似的——的火线下，而且自由早被剥夺[1]，夺了我的自由的权力者，又拿着这飞上空中了，所以无论跑到那里去，都是一个样。中国的人民是多疑的。无论那一国人，都指这为可笑的缺点。然而怀疑并不是缺点。总是疑，而并不下断语，这才是缺点。我是中国人，所以深知道这秘密。其实，是在下着断语的，而这断语，乃是：到底还是不可信。但后来的事实，却大抵证明了这断语的的确。中国人不疑自己的多疑。所以我的没有搬家，也并不是因为怀着天下太平的确信，说到底，仍不过为了无论那里都一样的危险的缘故。五年以前翻阅报章，

1 指鲁迅遭到国民党浙江省党部通缉。

看见过所记的孩子的死尸的数目之多，和从不见有记着交换俘虏的事，至今想起来，也还是非常悲痛的。

虐待搬家人，殴打车夫，还是极小的事情。中国的人民，是常用自己的血，去洗权力者的手，使他又变成洁净的人物的，现在单是这模样就完事，总算好得很。

但当大家正在搬家的时候，我也没有整天站在路旁看热闹，或者坐在家里读世界文学史之类的心思。走远一点，到电影院里散闷去。一到那里，可真是天下太平了。这就是大家搬家去住的处所［租界］。我刚要跨进大门，被一个十二三岁的女孩子捉住了。是小学生，在募集水灾的捐款，因为冷，连鼻子尖也冻得通红。我说没有零钱，她就用眼睛表示了非常的失望。我觉得对不起人，就带她进了电影院，买过门票之后，付给她一块钱。她这回是非常高兴了，称赞我道，“你是好人”，还写给我一张收条。只要拿着这收条，就无论到那里，都没有再出捐款的必要。于是我，就是所谓“好人”，也轻松的走进里面了。

看了什么电影呢？现在已经丝毫也记不起。总之，大约不外乎一个英国人，为着祖国，征服了印度的残酷的酋长，或者一个美国人，到亚非利加去，发了大财，和绝世的美人结婚之类罢。这样的消遣了一些时光，傍晚回家，又走进了静悄悄的环境。听到远地里的犬吠声。女孩子的满足的表情的相貌，又在眼前出现，自己觉得做了好事情了，但心情又立刻不舒服起来，好像嚼了肥皂或者什么一样。

诚然，两三年前，是有过非常的水灾的，这大水和日本的不同，几个月或者半年都不退。但我又知道，中国有着叫做“水利局”的机关，每年从人民收着税钱，在办事。但反而出了这样的大水了。我又知道，有一个团体演了戏来筹钱，因为后来只有二十几元，衙门就发怒不肯要。连被水灾所害的难民成群的跑到安全之处来，说是有害治安，就用机关枪去扫射的话也都听到过。恐怕早已统统死掉了罢。然而孩子们不知道，还在拚命的替死人募集生活费，募不到，就失望，募到手，就喜欢。而其实，一块来钱，是给水利局的老爷买一天的烟卷也不够的。我明明知道着，却好像也相信款子真的会到灾民的手里似的，付了一块钱。实则不过买了这天真烂漫的孩子的欢喜罢了。我不爱看人们的失望的样子。

倘使我那八十岁的母亲，问我天国是否真有，我大约是会毫不踌蹰，答道真有的罢。

然而这一天的后来的心情却不舒服。好像是又以为孩子和老人不同，骗她是不应该似的，想写一封公开信，说明自己的本心，去消释误解，但又想到横竖没有发表之处，于是中止了，时候已是夜里十二点钟。到门外去看了一下。

已经连人影子也看不见。只在一家的檐下，有一个卖馄饨的，在和两个警察谈闲天。这是一个平时不大看见的特别穷苦的肩贩，存着的材料多得很，可见他并无生意。用两角钱买了两碗，和我的女人两个人分吃了。算是给他赚一点钱。

庄子曾经说过："干下去的［曾经积水的］车辙里的鲋鱼，彼此用唾沫相湿，用湿气相嘘，"——然而他又说，"倒不如在江湖里，大家互相忘却的好。"

可悲的是我们不能互相忘却。而我，却愈加恣意的骗起人来了。如果这骗人的学问不毕业，或者不中止，恐怕是写不出圆满的文章来的。

但不幸而在既未卒业，又未中止之际，遇到山本社长了。因为要我写一点什么，就在礼仪上，答道"可以的"。因为说过"可以"，就应该写出来，不要使他失望，然而到底也还是写了骗人的文章。

写着这样的文章，也不是怎么舒服的心地。要说的话多得很，但得等候"中日亲善"更加增进的时光。不久之后，恐怕那“亲善”的程度，竟会到在我们中国，认为排日即国贼——因为说是共产党利用了排日的口号，使中国灭亡的缘故——而到处的断头台上，都闪烁着太阳的圆圈［日章旗］的罢，但即使到了这样子，也还不是披沥真实的心的时光。

单是自己一个人的过虑也说不定：要彼此看见和了解真实的心，倘能用了笔，舌，或者如宗教家之所谓眼泪洗明了眼睛那样的便当的方法，那固然是非常之好的，然而这样便宜事，恐怕世界上也很少有。这是可以悲哀的。一面写着漫无条理的文章，一面又觉得对不起热心的读者了。

临末，用血写添几句个人的豫感，算是一个答礼罢。

死

到了1936年，鲁迅突感肩膀和腋下剧痛，3月开始卧床不起，体重下降至37公斤，5月时发现是肺结核晚期，此时他才第一次意识到死亡。据说，为鲁迅诊断的美国医生说过，这要是欧洲人的话大概五年前就已经死了。病情忽好忽坏反反复复，6月和8月时曾两度危急万分。7、8月时，就连鲁迅自己也开始认真考虑去镰仓等其他地方疗养。

然而，鲁迅这一年不仅要与疾病抗争，还不得不面对思想上的巨大难关。1935年，随着日军进一步侵略中国华北地区，要求抗议的呼声日渐高涨。8月1日，正在长征途中的中国共产党发表《为抗日救国告全体同胞书》(“八一宣言”)，呼吁停止内战，建立抗日民族统一战线。10 月，毛泽东率领的红军抵达陕西省北部的革命根据地，完成了长征。元旦过后的 1936 年 1 月，鲁迅收到莫斯科的萧三寄来的一封信。信的内容是根据新政策，向“左联”提出解散组织的建议（这是当时在莫斯科的共产国际中国共产党代表王明的指示）。这封信被迅速送到“左联”的领导层手中，但鲁迅却难以从命。当时“左联”的领导层由周扬、夏衍等人组成。红军开始长征后，他们与中共中央长期失去联络，像守护孤垒一般继续“左联”的活动。他们接受了这一建议，决定取消左翼的框架限制，建立一个更加广泛的文艺团体，于是提出“国防文学”的口号，建立新组织“中国文艺家协会”。鲁迅提出，既然要解散“左联”，就应该发表解散宣言，但他的主张并未得到实现，“左联”就这样一点点地自动解散了。不论是从政治上，还是从文学上，新口号的内容都模糊不清。最重要的是，在这个崭新的方向中，“左联”六年来顶着国民党政府的严酷镇压不懈斗争的传统并未得到继承和发扬。鲁迅对此非常不满，拒绝加入新组织。鲁迅的极度不满，对于周扬等人而言也是一种损失。　部分人开始公然攻击鲁迅，引起了鲁迅的愤怒。就这样，鲁迅在这一年迎来了前所未料的精神危机。

对这样的鲁迅来说，冯雪峰的出现可谓是一个奇迹。4 月 26

日，参加长征后变得更加魁梧的冯雪峰出现在鲁迅面前。中共中央历尽艰辛在陕北地区建立根据地，与北方的日军对峙，同时呼吁在中国建立抗日民族统一战线，派冯雪峰来上海设立正式联络处。此时的鲁迅按捺住与冯雪峰重逢的兴奋，表示“我成为破坏国家大计的人了”“我真想休息休息”。“破坏国家大计”，是指他拒绝加入“文艺家协会”。冯雪峰向鲁迅介绍了长征的艰难险阻，说明毛泽东等人制定的新路线。经过与急于联合国民党的王明等人的论争，中共确立了依靠根据地壮大实力，呼吁广大国民一致抗日，迫使国民党政府结成统一战线的方针。冯雪峰的话语令鲁迅深受感动。

鲁迅与他商谈之后，又联合胡风提出新的口号——“民族革命战争的大众文学”。胡风率先写作文章《人民大众向文学要求什么?》(大概在5月末)，首次提出这个口号。“左联”内部对胡风早有批判，他本人在这文章中对鲁迅是新口号倡导者一事也只字未提，因此这篇文章受到国防文学倡导者的猛烈批判，暴发了“国防文学论争”，又名“两个口号的论争”。鲁迅在病中发表了《答托洛斯基派的信》《论现在我们的文学运动》(6月)和《答徐懋庸并关于抗日统一战线问题》(8月)三篇文章，均是由鲁迅口述，冯雪峰记录。尤其是给徐懋庸的公开信，据说花了四天才完成鲁迅口述的记录。

在这些文章中鲁迅明确表达对中共新路线的赞同。“那切切实实，足踏在地上，为着现在中国人的生存而流血奋斗者，我得引为同志，是自以为光荣的。”(《答托洛斯基派的信》)“中国目前的革命的政党向全国人民所提出的抗日统一战线的政策，我是看见的，我是拥护的，我无条件地加入这战线。”(《答徐懋庸并关于抗日统一战线问题》)鲁迅虽然承认“国防文学”作为具体口号的效果，但坚持将“民族革命战争的大众文学”作为整体性口号。在即将迎来“抗日战争”的时代中，他试图一面发扬“左联”传统，贯彻革命文学的阶级责任；一面以此为中心，创造出更广泛且深入扎根于中国人民的新文学。他认为“国防文学”的口号无法贯彻这一核心。

同年 10 月，论战双方的当事人发表《文艺界同人为团结御侮与言论自由宣言》，暂时结束了论争。9 月，鲁迅的病情突然好转，甚至可以去看电影了。在此期间，鲁迅写下了《死》《女吊》等优秀的散文，回想起已故恩师章炳麟，又写作了《关于太炎先生二三事》。同年 10 月，在一篇发表于杂志的文章中（执笔时间一般被认为大概是 8 月），有这样一段话。

庄生以为“在上为乌鸢食，在下为蝼蚁食”，死后的身体，大可随便处置，因为横竖结果都一样。

我却没有这么旷达。假使我的血肉该喂动物，我情愿喂狮虎鹰隼，却一点也不给癞皮狗们吃。

养肥了狮虎鹰隼，它们在天空，岩角，大漠，丛莽里是伟美的壮观，捕来放在动物园里，打死制成标本，也令人看了神旺，消去鄙吝的心。

但养胖一群癞皮狗，只会乱钻，乱叫，可多么讨厌！(《半夏小集》)

10月8日，鲁迅来到八仙桥青年会举办的“第二届全国木刻流动展览会”的现场，与青年们畅谈。当时留下的照片，成了鲁迅生前的最后一张照片。17日，鲁迅顺路经过内山书店，然后到访当时正在翻译其作品的鹿地亘的住处。当天夜里，鲁迅开始写作《因太炎先生而想起的二三事》，写到辫子的部分时发了高烧，18日清晨开始哮喘。写给内山完造托其去请医生的便条，成了他的绝笔。19日清晨5时25分，在须藤医生、许广平、周建人等的注视下，鲁迅停止了呼吸。

蔡元培、宋庆龄、内山完造、沈钧儒、茅盾、许寿裳等担任治丧委员。毛泽东亦是委员之一，但并没有公布。自 10 月 20 日起，鲁迅遗体被安置在上海万国殡仪馆，两天里有 7000 多位市民来向遗体告别。10 月 22 日，在七八千位上海市民的送别下，鲁迅被葬于虹桥的万国公墓。覆盖在棺木的白旗上，写着“民族魂”三个黑色大字。

据说，身在北京的鲁瑞得知后，深受打击，以至于连路都走不动了。她将宣布鲁迅死讯的报纸新闻和追悼文章收集起来，摆放在床上，说：“还好，这样子，儿子死得不太冤枉。”

后记

鲁迅逝世于1936年10月，翌年（1937）7月中日战争全面爆发。那篇用日语写成的文章《我要骗人》中的“血的预感”，被不幸言中了。

说来也是我马虎，此次写作之前，我一直觉得鲁迅生活的时代与我生活的时代多少有些重合。然而，中日战争全面爆发的那一年我才出生，所以其实毫无重合之处。按我的记忆所及，我第一次接触的鲁迅作品是1956年出版的12卷本《鲁迅选集》（岩波书店）。这是由增田涉、松枝茂夫、竹内好编译的版本，“新书开本”丛书的黄色布面装帧令人喜爱，封面白纸上印刷着一幅幅黑色的中国现代木刻画，给人清新、刚健的印象。朋友手头拮据，把这套书卖给了古书店。我不知为何买了回来，就这么放在身边。之后遭逢水患，书虽然被水浸过，但如今仍在身边。不知是托了这书的福还是遭了它的祸，我最终学习了中国文学。我至今忘不了自己升入中国文学科后购买1958年版十卷本《鲁迅全集》(北京：人民文学出版社)的经历。当时在日本卖的中国书非常便宜，现在贵了一些。这套书也遭了水患，除了当时从箱子里拿出的一本，其余还能用，如今也留在身边。

因此，虽说那时还是个年轻人，但我从很久之前就开始读鲁迅了。其间两年，我受教于已故的增田涉老师。成为大学教师后，在大约七八年的时间里，我每年都会以某种方式和学生们一起阅读鲁迅的作品。我还加入了一个名副其实的“鲁迅读书会”，在里面读鲁迅的作品。尽管如此，受命承担此次写作，让我再次深感自己的阅读是多么贫乏。若问是否能写出一部令鲁迅本人和各位读者勉强满意的作品，说实话我感到诚惶诚恐，一时之间竟无从下手。本书就是由这样一个不成熟的人写的。如今写完，我的感觉依旧没有变化。在有限的时间里，虽然给周围的人添了麻烦，但总算完成了写作，心里的一块石头姑且落了地。

我试着提醒自己这是一本通俗读物，所以不自觉地做了削减，大幅简化了最后一章“上海”的内容——正是在这一时期，鲁迅的文章显示出成熟的一面——这个关键时期在本书中显得非常仓促，但也是因为我自己的研究未延伸至此。此外，我认为鲁迅的思想到广州时期已经基本成型。或许是因为鲁迅度过了一个封闭的青春，我感到他在广州时的确充满活力。他的这种活力或许在本书中会显得过于张扬，所以我还是希望读者们能够亲自去阅读鲁迅的作品。鲁迅作品的日译本已出版齐全，包括上文提到的《鲁迅选集》、竹内好独译的六卷《鲁迅文集》(筑摩书房)，以及目前正在发行的新的全译本——20卷《鲁迅全集》(学研)等。

本应以附注形式标明参考文献，但此次请允许我省略所有注解。本书得益于众多前辈和同行学者的研究成果，我在此表示感谢的同时，还想事先说明本书的特点，即作为大众读物，姑且做了上述处理。

最后，本书的出版为编辑和印刷的各位着实增添了许多不便，在此表示歉意和诚挚的感谢。

丸尾常喜

1985年4月

图书在版编目(CIP)数据

明暗之间:鲁迅传/(日)丸尾常喜著;陈青庆译
.—上海:上海人民出版社,2021
ISBN 978-7-208-17183-1

Ⅰ.①明… Ⅱ.①丸… ②陈… Ⅲ.①鲁迅(1881-1936)-传记 Ⅳ.①K825.6

中国版本图书馆CIP数据核字(2021)第121571号

版权登记号:09-2020-188

策划编辑 薛 羽
责任编辑 余梦娇
装帧设计 COMPUS·汐 和

明暗之间:鲁迅传
[日]丸尾常喜 著
陈青庆 译

出 版 上海人民出版社
(200001 上海福建中路193号)
发 行 上海人民出版社发行中心
印 刷 上海盛通时代印刷有限公司
开 本 787×1092 1/32
印 张 9
插 页 5
字 数 105,000
版 次 2021年8月第1版
印 次 2021年8月第1次印刷
ISBN 978-7-208-17183-1/K·3094
定 价 69.00元